学·研·文·库

中国虚拟土地研究

Virtual Land Use in China

（中英对照）

郭　珊｜著

中央编译出版社
CCTP Central Compilation & Translation Press

图书在版编目（CIP）数据

中国虚拟土地研究 =Virtual Land Use in China：
汉、英 / 郭珊著. —北京：中央编译出版社，2020. 2
ISBN 978-7-5117-3772-4

Ⅰ. ①中…
Ⅱ. ①郭…
Ⅲ. ①土地资源—资源利用—研究—中国—汉、英
Ⅳ. ① F323. 211

中国版本图书馆 CIP 数据核字（2019）第 295262 号

中国虚拟土地研究 Virtual Land Use in China（中英对照）

出 版 人：葛海彦
责任编辑：郑永杰
责任印制：刘　慧
出版发行：中央编译出版社
地　　址：北京西城区车公庄大街乙 5 号鸿儒大厦 B 座（100044）
电　　话：（010）52612345（总编室）　　（010）52612339（编辑室）
（010）52612316（发行部）　　（010）52612346（馆配部）
传　　真：（010）66515838
经　　销：全国新华书店
印　　刷：三河市华东印刷有限公司
开　　本：710 毫米 ×1000 毫米　1/16
字　　数：208 千字
印　　张：15. 5
版　　次：2020 年 2 月第 1 版
印　　次：2020 年 2 月第 1 次印刷
定　　价：80. 00 元

网　　址：www. cctphome. com　　**邮　　箱**：cctp@ cctphome. com
新浪微博：@ 中央编译出版社　　**微　　信**：中央编译出版社(ID: cctphome)
淘宝店铺：中央编译出版社直销店(http: //shop108367160. taobao. com) (010) 55626985

本社常年法律顾问：北京市吴栾赵阎律师事务所律师　闫军　梁勤
凡有印装质量问题，本社负责调换，电话：(010）55626985

前　言

人类从根本上依赖自然，使得自然资本核算的作用日益显著。生产性土地作为自然资本的重要元素，能够提供大量人类所需要的物质原料。然而在人类社会的历史进程中，不合理地滥用土地资源，造成了水土流失、荒漠化、次生盐碱化等土地质量下降的严重后果。近年来，由于粮食需求不断增加、生物燃料产量不断扩大以及工业化和城市化进程加快，中国面临着如何合理配置稀缺土地资源以满足未来不断增加的商品需求的矛盾。

尽管土地问题已经引起世界各国的重视并制定了相关保护政策，然而目前许多国际协议和法规政策都是从本地直接的土地保护策略出发，如农业集约化、土地用途分区管制等，而忽视了由其他地区“遥相关”的经济社会活动所间接引发的本地的土地问题。随着经济全球化的日益加强，为实现资源在全球范围内的优化配置，通过商品、技术、信息、服务、货币、人员等生产要素的跨国、跨地区的流动导致商品的生产能力与消费需求的空间分离日益明显。

为了全面系统地对中国各省区市的土地资源利用方式进行评述，避免土地资源的“泄漏”，本书基于投入产出模型对中国隐含在贸易中的虚拟土地进行跨时间尺度研究，建立了虚拟土地利用强度数据库，明确了中国虚拟土地及其产业分布特征的演变模式，为实现可持续的土地管理提供政策建议。

本书第一章，在经济全球化与可持续的土地利用管理研究背景下，对研究问题进行了梳理。第二章，对中国实际土地利用和虚拟土地利用的文献进行了综述。本章回顾了以下内容的研究进展，包括中国土地利用变化趋势及其环境影响、虚拟土地概念的起源与演化、特定国家或地区居民消费的虚拟土地量和农产品贸易活动中的虚拟土地流动，最终识别出研究空白。第三章，对研究方法论进行了描述。本章介绍了投入产出分析方法，详细描述了数据来源、具体算法及其评估指标。第四、五章，分别对虚拟耕地和虚拟牧草地进行了时间序列的比较，并进一步分析了驱动因素，为中国土地可持续利用提出政策建议。第六章，总结了本书主要研究结论，并讨论了本研究的局限性和进一步的研究方向。

本书为复杂的全球化经济网络背景下的“虚拟土地”研究提供了思路，清晰地阐明了中国虚拟土地利用的动态演变，并提出了适用于全球化新阶段的土地资源可持续管理的政策建议。

本成果受到中国人民大学“中央高校建设世界一流大学（学科）和特色发展引导专项资金”支持。

目　录

CONTENTS

中　文

English

中　文

第一章　概　述

1.1　研究意义

土地是人类最重要的生产资料和生产要素之一。土地为人类的生产和生活提供了大量的食物、原料、生物质能源等。土地资源的数量有限性、位置固定性和区域差异性造成了其供给的稀缺性。同时，土地资源供给的稀缺性与人类社会需求的无限性之间，也存在巨大的矛盾（Deng，Huang 等 2006）。在人类社会的历史进程中，不合理地滥用土地资源造成了大量的水土流失、荒漠化和次生盐渍化等土地问题，导致土地质量严重下降。针对相关土地问题，各国政府和国际组织纷纷推动制定各类国际协议、条约等，以更好地对土地资源进行保护，如国际上的《联合国防治荒漠化公约》《二十一世纪议程》，我国倡导发起的"一带一路"防治荒漠化合作机制、制定的《生态文明体制改革总体方案》等。

1.1.1　理论意义

尽管土地问题已经引起世界各国的重视并制定了相关保护政策，然而目前许多国际协议和法规政策都是从本地直接的土地保护策略出发，比如农业集约化、土地用途分区管制等，忽视了由其他地区“遥相关”的经济社会活动所间接引发的本地的土地问题（Seto，Ramankutty 2016）。随着全球化时代的到来，为实现资源在全球范围内的优化配置，通过商品、技术、信息、服务、货币、人员等生产要素的跨国、跨地区的流动，经济全球化增加了世界各个经济体间的相互连接，但同时也可能会弱化上述直接的土地保护策略对本地的实际效果（A Marm 2011）。

近年来，随着粮食和非粮食作物（如生物燃料）需求的急剧增长，外国投资者的直接土地交易自 2005 年起迅速增长，并于 2009 年达到交易的峰值（Rulli，Saviori 等 2013）。政府政策可刺激私人资本投资收购外国土地，这些交易一直受到世界贸易组织、各个国家的粮食、农业和贸易政策以及土地市场的影响。除了直接的土地交易，隐含在商品贸易流中的间接土地占用也引发了越来越多的关注。因为经济全球化的一个结果是，通过从他国进口商品，一个国家可以将土地资源的压力从消费国转移到生产国，从而改变土地资源实际占用情况的国际分布。同理而言，国家内部的跨地区贸易同样会影响土地资源在该国实际占用情况的区域分布。另外，各个国家甚至一国之内不同区域的产业结构、土地利用效率及其结构、政策制定与执行程度等方面存在着一定的差异，这可能导致不同国家、地区生产同样的产品所占用的土地资源并不一致，因此跨国或跨区域贸易还可能引起全球土地资源占用总量的变化。综上，由于生产活动与消费活动的分离可能会导致全球土地资源占用总量和空间分布的变化（Fader，Gerten 等 2013），那么如果仅仅从本地直接的土地保护策略的视角出发，很可能会导致发达国家或地区通过产业转移和贸易活动将本地的土地资源压力进行转移，引起土地资源的“泄漏”，使得全球总体的土地资源占用总量不减反增（Lambin，Meyfroidt 2011）。

本书将某一经济活动所占用的直接和间接的土地资源称为该经济活

动的“虚拟土地”或“土地足迹”。一个国家或地区的虚拟土地量反映的是该国家或地区居民应为土地利用所造成的环境生态影响所承担的消费责任。在经济全球化的影响下，商品的生产能力与消费需求的空间分离日益明显。为了全面客观地对中国各省区市的土地资源利用方式进行评述，本书将对中国包含在全球贸易网络中的虚拟土地进行跨时间尺度研究。尺度一般是指对研究对象在空间或时间上的量度，在本书中特指时间上的量度。与仅关注当地土地资源的政策研究相比，“虚拟土地”的研究结果可以为中国相关政策制定者提供新视角——消费视角的中国土地可持续利用方式，最终有助于制定综合的土地利用规划战略。

1.1.2 实践意义

对土地资源的滥用和过度利用正在从多方面威胁人类安全：粮食和水的安全性降低以及土壤健康和生态系统恢复力的降低使我们更容易受到极端天气事件和气候变化的影响，甚至威胁到国家之内和国家之间的稳定和安全（龙花楼 2003，何艳芬、张柏等 2004）。中国存在着区域发展不均衡、土地利用效率低、粮食需求总量保持增长等现实问题（刘彦随、陈百明 2002，Fang，Chen 2017）。中国城市化水平从 1978 年的 17.92% 快速增长至 2017 年的 58.52%。城市化将导致饮食结构变化和粮食需求刚性增长。2003—2015 年，中国粮食生产累计增长 33%；同期消费累计增长 41%，消费增速是生产增速的 1.24 倍。中国土地资源具有人均占地量较低、分布极不平衡、土地生产力地区间差异显著的特征。目前，土地不均衡的空间结构造成中国粮食生产重心北移，农地非农化导致耕地面积持续减少，城市地区的扩张导致土地浪费现象激增。要解决面临的上述问题需要及时精准地识别隐含在贸易网络中的虚拟土地资源供给与需求的错位。

在全球化新阶段，全球各地区的相互依存度越来越高，国际贸易的变化牵一发而动全身。面对国际贸易的变化风险，中国需要密切关注自身在全球贸易网络中的地位变动，及其所引发的中国虚拟土地资源流动。通过开展虚拟土地流动研究，评估贸易对中国各省区市的虚拟土地流动的调节反馈效应，是保障中国粮食安全和实现乡村振兴战略的关键。

1.2 研究内容

中国土地利用研究范畴较广（包括土地利用变化和相关的经济、社会和环境影响），需要在此明确本研究的范围和内容。

首先，本研究着眼于中国的虚拟土地占用。尽管许多研究围绕中国的实际土地利用变化展开，但虚拟土地的重要性和内涵已日益受到关注。

其次，本研究考虑两种土地利用类型，即耕地和牧草地——对这些生产型土地的不合理利用将造成生物多样性下降。根据中国土地管理法的规定，土地利用类型包括农业用地、建设用地和未利用土地。其中，农业用地主要分为耕地、牧草地、林地等类型，而中国人均农用地面积仅有约0.08公顷（Yang，Zhou 等 2009）。耕地能够提供粮食，是关乎人类生存的最为重要的资源。中国政府通过立法设置了耕地“红线”，即1.2亿公顷的耕地面积，以保障粮食安全（Wang，Chen 等 2012）。牧草地则用于放养牲畜以获得肉类、乳制品与其他动物产品，而过度放牧以及全球气候变化是近30年来中国草场严重破坏与急剧退化的主要原因（Yu，Liu 等 2011）。

同时，本研究将从时间视角探讨中国虚拟土地利用。时间整体性是系统分析的关键之一，因而虚拟土地利用的变化可以通过跨时间尺度来观测。

近20年来，中国经济快速增长，商品和服务消费增速，国内外贸易规模不断扩大。在复杂的社会经济环境中，中国土地资源管理也面临日趋复杂的问题。因此，综合上述研究范围，本研究将探讨在复杂的社会经济和环境中，中国虚拟土地在时间序列上的演变规律。本书共分六章：

第一章介绍了本书的总体概况，重点介绍了整个研究的基本情况，包括研究背景、研究问题和研究目标、研究范围和设计、研究方法。

第二章是对中国实际和虚拟土地利用的文献综述。本章回顾了中国土地利用的研究进展，包括中国土地利用的总体变化、相关环境影响和特定土地利用类别的相关研究。本章还回顾了虚拟土地利用的研究现状，包括虚拟土地的定义及虚拟土地核算。

第三章介绍了研究方法。本章讨论了基于投入产出分析方法对中国虚拟土地进行时间序列的分析，并详细描述了数据源、具体算法及虚拟土地的评估指标。

第四、五章分别对近20年的虚拟耕地和虚拟牧草地进行了时间序列的比较，基于变化趋势进一步分析了其驱动因素，为将来中国土地的可持续利用提出政策建议。

第六章总结了主要的研究结论，讨论了本研究的局限性和今后的研究方向。

1.3 小结

中国正处于城镇化与工业化的新阶段，对资源的需求日益扩大。为避免以过度消耗土地资源为代价发展经济，中国该如何重视和保护土地资源，构建环境友好型社会成为重要话题。另一方面，全球化加强了区域间的经济联系，贸易在重新分配土地资源方面发挥着越来越重要的作用。在此背景下，本书对中国土地利用现状进行了系统分析，研究结果有利于反映不同部门的土地利用效率，以及中国消费和贸易活动对土地利用的影响。

面对中国土地利用现状，本书旨在通过系统性地探讨中国土地利用的时空关系，为复杂的全球化经济网络背景下的“虚拟土地”研究提供思路，并通过建立由历史的虚拟土地利用强度数据构成的综合数据库，研究中国虚拟土地的变化格局，从而促进中国可持续土地管理。

第二章　研究进展

本章将对中国土地利用及虚拟土地相关的文献进行梳理总结。首先明确中国土地利用变化的研究热点和土地利用变化对环境的影响。通过探究虚拟土地的意义，本章梳理了虚拟土地的定义、虚拟土地的核算方法，并回顾了中国虚拟土地的相关研究。基于国内外研究现状，明确了现有研究范围下可延伸探究的方面。

2.1　中国土地利用研究进展

2.1.1　土地利用现状

中国人口众多，约占全球总人口的20%，但陆地面积仅占全世界的7%，这使得我们面临严峻的粮食安全问题（Chen 2007）。近年来，由于城镇化、工业化以及全球化进程的加快，中国的土地利用情况发生了明显变化，引发了国内外学者对中国土地利用问题的探讨（Feng，Bao 等 2014，Liu，Fang 等 2014，Liu，Huang 等 2014，Liu，Yang 等 2014，Wang，Guo 等 2014，Guanghui，Xinpan 等 2015）。也有学者总结了中国土地利用的特征并预测相应的变化趋势。其中，刘艳和黄贤金等（2014）在高速城镇化背景下对中国存在的主要土地利用问题进行分析，研究发现城乡建设用地的不一致性和耕地的征用—补偿平衡是当前所要解决的主要问题。但是，中国尚缺乏针对上述问题的系统性探究。在这种情况下进行土地利用的时空变化特征分析，探讨可持续的土地利用方式具有重要意义。

2.1.2 土地利用变化及其环境影响

除了对土地利用特征的研究外，土地利用变化与气候变化、生物能源生产以及生物多样性之间的关系也是近年来的学术热点。温室气体排放和土地利用变化是对气候最显著的影响（Kalnay，Cai 2003）。学者们在识别土地利用变化对气候的影响方面进行了大量研究（Dale 1997，Watson，Noble 等 2000，Olesen，Bindi 2002，Pielke，Marland 等 2002，Pielke 2005，Stern 2007）。Pielke 等（2002）对土地利用变化导致的区域气候和全球气候影响进行了量化分析。但 Dale（1997）指出，绝大多数的土地利用变化和近几个世纪气候变化没有显著联系。他认为，要想更好地实现区域和全球的可持续生态功能，土地利用变化的非气候原因（比如社会经济和政治）是必要的考虑因素。

由于化石燃料的使用会带来大量温室气体排放，全球气候变化促进了生物能源需求量的增加，而土地作为种植生物能源作物的载体，对其利用动态的关注有利于促进此类能源的可持续发展。有许多研究关注了生物能源生产对土地利用情况变化的影响（Walsh，Daniel 等 2003，Johansson，Azar 2007，Campbell，Lobell 等 2008，Fischer，Prieler 等 2010，Don，Osborne 等 2012，Miyake，Renouf 等 2012）。其中，Miyake 等（2012）回顾了巴西、印度尼西亚与马来西亚、美国以及欧盟等四个地区生物能源驱动型的土地利用变化，并证实在土地资源丰富且考虑经济发展优先于土地可持续利用的发展中区域，这种土地利用变化将会产生不良影响。

土地资源为人类提供作物种植、动物饲养、木材获取等基本功能。除了这些必要的生态系统产品之外，土地资源还有一系列的其他生态功能，如涵养水源、调节气候、促进物质循环，保持土壤肥力以及为生物多样性提供环境（DeFries，Foley 等 2004）。要在满足当前人类需求和维持生态系统功能之间取得平衡，就需要获得关于土地利用的生态系统响应的定量信息。因此，学界在土地利用变化的生态影响方面有许多研究（Dramstad，Olson 等 1996，Foster，Swanson 等 2003，DeFries，Foley 等 2004，De Groot 2006，DeFries，Hansen 等 2007，Wang，Guo 等 2014，Zhou，Liu 等 2014）。Foster 等（2003）认为土地利用活动对生态系统的结构和功能产生持续性影响，而土地利用变化还会影响生态系统服务价值（ESV）。王婉晶等（2014）研究了中国的土地利用变化对 ESV 的影响，并运用线性规划模型优化中国的土地利用结构，使得 ESV 总量最大化。周克昊等（2014）则研究了城市增长对生态安全的影响。

2.1.3　土地利用类型

前两节为中国土地利用变化的概述，而各种土地利用类型，例如耕地、牧草地的变化也被广泛探讨。在各种土地利用类型中，最受全球学者关注的是耕地（Buyanovsky，Wagner 1998a，Buyanovsky，Wagner 1998b，Islam，Weil 2000，Yang，Li 2000，Li，Wang 2003，Liu，Liu 等 2005，Deng，Huang 等 2006，Wu，Guo 等 2006，Yunlong，Yaqin 2006，Chen，Wei 等 2007，Zhang，Zhang 等 2009，Fischer，Prieler 等 2010，Chen，Ye 等 2014，Guo，Shen 2014，Song 2014，Song，Pijanowski 2014，Dang，Xu 等 2015）。近年来，随着粮食需求增加、生物燃料生产扩大、工业化和城镇化的快速发展，中国正面临着前所未有的挑战，

需要合理配置稀缺的耕地资源，以满足未来对商品和服务的需求（Qiang，Liu 等 2013）。为有效应对上述情况，中国政府通过立法设置了耕地“红线”，即至少保证 1.2 亿公顷的耕地（Wang，Chen 等 2012）。同时，土地利用变化对食品安全的影响（Yang，Li 2000）以及耕地的时空变化规律（Liu，Liu 等 2005）也是当前的热门研究课题。

中国总面积的 40% 属于牧草地，面积近 400 万平方千米（Ni 2002）。牧草地在畜牧业生产和水土保持中发挥着重要作用。尽管中国在防治土地荒漠化方面作出了许多努力，但由于过垦过牧以及违规的植物燃料采集，中国的草场退化仍在加剧（Akiyama，Kawamura 2007）。目前许多学者已致力于中国的草场保护研究工作（Conant，Paustian 等 2001，Ni 2002，Bai，Han 等 2004，Akiyama，Kawamura 2007，Kang，Han 等 2007，Ren，Hu 等 2008）。

有研究探讨了土地利用变化分别与气候变化、生物能源生产和生态功能之间的关系。土地利用变化是人类活动和生物质演化过程的共同结果，其影响因素也是复杂的，涉及社会经济、文化和政治等诸多方面。经济活动对土地利用变化影响的重要性愈发显著。下一节将讨论虚拟土地问题，并对虚拟土地核算的相关文献进行综述。

2.2 虚拟土地研究进展

国内外学者对不同经济体的虚拟土地问题的研究目前主要聚焦于以下三个方面：一是生态足迹与虚拟土地概念的起源与演化，二是特定国家或地区居民消费的虚拟土地量，三是农产品贸易活动中的虚拟土地流动。

2.2.1　生态足迹与虚拟土地概念的起源与演化

20 世纪 90 年代初，Willian Rees 提出了生态足迹的概念以表征“用于支持一个人生存的生产性的土地和水域面积”（Rees 1992，Rees 1996）。随后，国家足迹核算方法论作为国家足迹账户中的基本计算方法和使用原则被广泛采纳。学者们应用这一概念和研究方法对不同国家和区域的生态足迹及其生态承载力进行核算与分析（Wackernagel，Onisto 等 1999，Lenzen，Murray 2001，Mancini，Galli 等 2015）。2003 年，Wackernagel 和他的同事们建立了一个国际智库，命名为“生态足迹网络”，以定期发布全球 150 多个国家或地区的生态足迹数据。

然而，由于缺乏对经济活动和产业结构之间相互关联的考虑，生态足迹未能追溯人类的经济社会活动所造成的生态影响的实际发生地。考虑到供应链的复杂性（盛昭瀚、李健等 2011），投入产出方法被引入虚拟土地的研究领域。相比之下，投入产出分析（IOA）是一种完善的方法，可以通过产业间的联系发现分配给消费终端的资源流动和环境影响（Chen，Chen 2013）。IOA 提供的是一种定量方法，体现了各生产部门的隐含生态流以及基于物质平衡的经济流动（Chen，Chen 2011a），而基于 IOA 的资源利用和环境排放按能源消耗、用水量、土地利用、温室气体排放等不同类别进行量化（Guan，Hubacek 等 2008，Peters 2008，Wiedmann 2009，Su，Ang 2010，Guo，Chen 2013，Weinzettel，Hertwich 等 2013，Han，Guo 等 2014）。许多研究对资源利用和环境排放方面的知识做出了巨大贡献。这些研究可以根据研究尺度分为多区域投入产出（MRIO）和单区域投入产出（SRIO）。

基于 IOA 的土地利用评估可以追溯到 1998 年，Bicknell（1998）首次将生态足迹与投入产出方法相结合，用于核算新西兰的生态足迹。Ferng（2001）通过必要的修订进一步完善了这一研究。基于新的研究问题与方法提出的虚拟土地，又称土地足迹的概念逐渐被学者们完善。Wichelns（2001）从虚拟水的概念中衍生出虚拟土地的概念以表示隐含在农产品进口的土地占用；Würtenberger，Koellner 等（2006）等将虚拟土地定义为隐含在进出口农产品贸易中的生产性土地面积；杨开忠等（2000）系统梳理了生态足迹分析法的理论框架、指标体系和计算方法，并通过介绍世界 52 个国家和地区的生态足迹系统地阐述了生态足迹分析法的应用；尹科等（2012）总结了生态足迹的核算方法，尤其是从静态足迹核算向时间序列足迹分析和动态情景足迹预测的演化。该方法广泛适用于全球、国家和区域层面的土地利用核算。

基于学者们二十多年的研究积淀，本书将虚拟土地定义为“某种商品或服务在其生产过程中所直接和间接占用的生产性用地的总面积”。目前，投入产出分析方法作为环境核算的主流研究方法，已被学者们广泛采用（石敏俊、金凤君等 2006，齐晔、李惠民等 2008，倪红福、李善同等 2012）。

2.2.2 特定国家或地区居民消费的虚拟土地量

居民的消费需求，尤其是对粮食和非粮食物的需求剧增，是造成土地占用的主要原因，学者们在对特定国家或地区居民消费的土地足迹核算方面进行了大量研究，主要集中在各种农产品，包括种植产品、林产品、畜牧产品和生物质燃料等。O’Brien 等（2015）核算了欧洲 2000—2011 年的农用地足迹，结果发现这 10 年间的农地足迹小幅下降，将于 2030 年降低到世界平均水平以保障全球粮食安全；方恺等（2018）从生产性视角定义了土地足迹和土地承载力的核算方法，对 2000—2014 年贵阳市的土地自然资本利用状况进行了系统性分析；蔡春香等（2016）构建了基于投入产出技术的生态足迹模型，并对北京市 2005 年与 2010 年的生态足迹进行了对比分析；赵先贵等（2005）利用生态足迹分析方法对陕西省1978—2002年的生态足迹和生态承载力进行了研究；张恒义等（2009）基于改进生态足迹模型分析了浙江省域生态足迹；曹淑艳等（2014）核算了中国近80种农产品离开生产系统时的生态足迹，并采用消费品-土地利用矩阵的形式详细地呈现其生态足迹组分信息；Bosire等（2015）计算了1980—2000年肯尼亚肉类和牛奶的水足迹和土地足迹；谢鸿宇等（2009）基于中国畜牧业工业化程度较低及其牲畜口粮的特征，核算了猪肉、禽肉、禽蛋、牛肉、羊肉和牛奶等单位畜牧产品的生态足迹；Ridoutt等（2014）分析了澳大利亚6种牛肉生产系统的碳足迹、水足迹和土地足迹。

2.2.3 农产品贸易活动中的虚拟土地流动

考虑到商品贸易可能对土地资源与环境系统造成巨大压力，越来越多的研究开始关注特定国家或地区的贸易活动所引起的土地资源占用等相关问题。而隐含在贸易网络中的能源、水资源、碳排放等也引发了学者们的广泛探讨（梁巧梅2004，陈迎、潘家华等2008，耿涌2010，罗思平、王灿等2010，Liang，Qu等2016，刘雅婷、王赛鸽等2018）。对于虚拟土地资源，Würtenberger，Koellner等（2006）早期探索了虚拟土地的概念及其核算方法，并计算了隐含在瑞士农产品进出口贸易中的虚拟土地量；Kastner等（2012）核算了1997—2007年全球木材产品的国际贸易对林业用地的影响，结果发现发达国家依靠木材进口策略增加了本国的森林保有量，且低人口密度地区的木材出口量下降；强文丽等（2013）核算了中国1986—2009年隐含在国际贸易中的虚拟土地量，结果显示这23年隐含在国际贸易中的虚拟土地量呈增长趋势，且主要的虚拟土地进口产品从谷物变为油料作物，主要进口来源国由美国、加拿大、澳大利亚转为美国、巴西、阿根廷；陈国谦和韩梦瑶（2015）系统核算了2002—2010年中国体现在国内消费和国际贸易中的虚拟土地量，结果显示中国是耕地的净出口国，且出口量是建设用地侵占耕地数值的25倍；赖力等（2006）依照 Bicknell 的投入产出模型思路，采取 Ferng 的改良计算方法，对江苏经济的需求、进口、出口以及积累各项的生态土地占用及化石能源地占用做出估算；黄雨等（2017）核算了中国农畜产品的虚拟耕地流动趋势，结果显示中国各地区农畜产品的虚拟耕地量差异显著，虚拟耕地流呈现“南土北运”的格局；李红伟等（2013）计算并分析了2010年中国省级间农畜产品虚拟土地流动现状及2001—2010年10年间的动态变化特征；成丽等（2011）分析了粮食贸易对耕地资源可持续利用的影响。

2.3 研究现状评述

综上所述，虚拟土地研究已经成为资源管理领域的研究热点。本书将吸纳这些文献在理论、模型与政策方面的研究成果，并在此基础上，对中国虚拟土地做进一步的系统性研究。但是，上述研究也存在一定的局限性，有待于进一步深化。前几节对既有研究的回顾勾勒了该领域的整体情况，本节将进一步说明需要弥补的空白。

先前的研究讨论了中国的实际土地利用情况，及其土地利用变化与气候变化、生物能源、生态环境等的互动关系。但是，这些研究仅仅基于本地的土地利用视角来探讨当地的应对策略，却没有考虑通过国际或国内贸易所进行的跨境和大规模的“土地交易”。在经济全球化的浪潮中，仅考虑地方性因素不足以架构全面的土地利用战略，因为某一地区的政策变化有可能通过贸易导致其他地区的土地利用方式的变化。本书基于“虚拟土地”或“隐含土地”这一概念，来理解整个商品或服务生产过程所需占用的土地面积（包括直接和间接的土地占用）。已有的关于中国生态足迹的研究较多，但“生态足迹”的概念被认为无法描述经济系统内复杂的经济与产业关联所隐含的土地占用。系统投入产出模型提供了一种定量的方法来追溯各产业消费和贸易所隐含的土地占用。尽管投入产出模型已经被广泛应用于资源（能源、水资源等）占用和环境影响（碳排放、污染排放等）的核算分析，但仍缺少对中国虚拟土地占用情况的系统性分析。为了填补这一空白，本书探讨了中国虚拟土地利用的动态变化。

2.4 小结

已有的关于虚拟土地的研究已经在理论、概念、方法、应用等层面取得了非常多的实质性进展，为本研究提供了相对成熟的研究基础。首先，本章回顾了中国实际土地利用变化的研究重点。其次，本章全面地综述了虚拟土地的概念、方法体系及在农产品贸易活动中的虚拟土地流动等方面的既有研究，并指出现有研究的空白之处。经济活动对土地利用会有显著性影响，“虚拟土地”研究将为中国制定可持续土地管理战略提供新的视角。

第三章 研究方法

系统投入产出模型是一种常用的环境核算方法，它从宏观视角自上而下地定量反映了各部门的隐含资源流动（Yu，Feng 等 2013）。投入产出分析方法可分为单区域投入产出分析模型（SRIO）与多区域投入产出分析模型（MRIO）。本书着眼于 SRIO 分析，即主要研究时间序列下中国的虚拟土地变化趋势。因此，本章主要对 SRIO 模型的构建进行讨论。本章首先介绍了数据来源，主要包括环境数据与经济数据，其次详细介绍了投入产出核算方法，最后构建了中国虚拟土地利用的评价指标。具体情况如下文所述。

3.1 数据来源

3.1.1 环境数据

为了确保土地利用数据时间序列分析的有效性，本章首先对中国土地利用数据记录的发展历程进行回顾。1999 年以前，中国土地数据主要依赖于国家统计局等官方机构发布的综合性年度统计报告。1999 年后，则由原国土资源部定期公布土地利用数据，如《中国国土资源公报》(1999—2016 年)、《中国国土资源年鉴》(1999—2016 年)、《中国土地资源统计年鉴》(2005—2016 年）等。需要说明的是，由于统计时间的滞后性，2015 年的土地利用信息在 2016 年统计报告中公布。鉴于中国土地利用模式在宏观上较为稳定，土地利用年际变化幅度较小。因此，虽然中国土地利用数据在数据采集方法、采集部门和监控手段上都发生了变化，但对所采集的土地利用数据质量影响较小，对从官方部门所采集的土地利用数据进行时间序列的比较分析具有较高的可靠性。

根据中国官方统计报告，中国土地资源可划分为三类，即农业用地、建设用地和未利用土地。其中农业用地是指用于农业生产的土地，包括耕地、林地、牧草地和其他类型农业用地。考虑到农业用地对粮食生产的重要意义（Gibbs，Ruesch 等 2010，Qiang，Liu 等 2013），本研究将其作为研究重点，着眼于耕地以及牧草地两类农业用地，未来也将进一步对林地进行研究。

3.1.2 经济数据

本书中所使用的投入产出（IO）表由国家统计局统一发布。中国的第一个官方 IO 表发布于 1987 年，此后每 5 年编制一次基准 IO 表。此外，从 1990 年起，在每个原始 IO 表编制完成后的 3 年，根据最新的基准表编制扩展 IO 表。迄今为止，官方已经发布了 12 个年份的中国投入产出表，即 1987、1990、1992、1995、1997、2000、2002、2005、2007、2010、2012 和 2015。本研究依据上述可获得的 IO 表以及土地利用数据，对 1987—2015 年的耕地利用情况和 2000—2015 年的牧草地利用情况进行时间序列分析。此外，考虑到时间序列的变化，本书依据 GDP 平减指数（见表 3.1），以 1987 年为基年对价格水平进行了调整。需要说明的是，本书中“行业”和“部门”两个术语可以替换使用，均用于描述提供相同、相关产品或服务的经济领域。

表 3.1 1987—2015 年 GDP 平减指数（基于 2016 中国统计年鉴计算所得）

年份	1987	1990	1992	1995	1997	2000
GDP 平减指数	100.00	120.65	150.16	211.07	254.98	320.63
年份	2002	2005	2007	2010	2012	2015
GDP 平减指数	379.53	513.30	666.56	875.63	1029.52	1287.77

3.2 投入产出分析方法

3.2.1 算法

本研究利用 IO 模型核算并比较时间序列视角下不同经济活动（即生产、消费和进出口）中虚拟土地量。IO 模型可追溯至 Odum 的生态系统理论（Odum 1983，Odum 2000），该模型将生态禀赋与经济网络相结合，以识别各相关的经济系统中特定资源的配置情况（Guo，Shao 等 2012，Chen，Guo 等 2013）。

IOA 方法已经发展到相对成熟的阶段，已有一系列研究对其关键假设和数据核算进行了深入探讨（Su，Ang 2010，Su，Huang 等 2010，Su，Ang 2011，Su，Ang 等 2013，Su，Ang 2013，Su，Ang 2014）。此外，研究表明，IO 模型核算结果将随模型假设的不同而发生变化。因此，综合考虑数据可得性，本书采用如下模型假设：

假设 1：尽管进口商品和国内商品有差异，但考虑到进口强度数据有限，本书假设进口商品和国内商品具有相同的虚拟土地利用强度（Su，Ang 2013）。

假设2：受限于转口贸易中的经济与环境数据可得性，本书采用统一的出口假设，即不区分加工出口与一般出口。

此外，本书将虚拟土地利用强度定义为：每产出单位货币价值的商品或服务，整个产业链中直接与间接的土地占用总量（Yu，Feng等2013）。虚拟土地量的计算依赖于每种商品在经济系统中的虚拟土地利用强度数据库。该数据库可基于所构建的系统投入产出表（见表3.2）进行核算（Su，Ang 2014）。

表3.2 系统投入产出表基本结构（Chen，Chen等2010）

<table>
<tr><td colspan="2" rowspan="2">投入
产出</td><td colspan="4">中间使用</td><td colspan="5">最终使用</td><td rowspan="2">出口</td><td rowspan="2">总产出</td></tr>
<tr><td>部门1</td><td>部门2</td><td>…</td><td>部门n</td><td>居民消费（农村）</td><td>居民消费（城镇）</td><td>政府消费</td><td>固定资本形成</td><td>存货增加</td></tr>
<tr><td rowspan="4">中间投入</td><td>部门1</td><td>z_{11}</td><td colspan="2">…</td><td>z_{1n}</td><td colspan="5">f_1</td><td>ex_1</td><td>x_1</td></tr>
<tr><td>部门2</td><td rowspan="2">…</td><td colspan="2" rowspan="2">…</td><td rowspan="2">…</td><td colspan="5" rowspan="2">…</td><td rowspan="2">…</td><td rowspan="2">…</td></tr>
<tr><td>…</td></tr>
<tr><td>部门n</td><td>z_{n1}</td><td colspan="2">…</td><td>z_{nn}</td><td colspan="5">f_n</td><td>ex_n</td><td>x_n</td></tr>
<tr><td colspan="2">直接土地占用</td><td>L_1</td><td colspan="2">…</td><td>L_n</td><td colspan="7"></td></tr>
</table>

系统投入产出表的符号定义如下：

z_{ij}：由部门 i 到部门 j 中间投入的经济值；

x_j：部门 j 总产出的经济值；

f_j：部门 j 用作最终消费的经济值；

ex_j：部门 j 出口的经济值；

l_j：部门 j 的直接土地占用；

ε_j：部门 j 提供的商品与服务的虚拟土地利用强度。

虚拟土地利用强度是指每单位货币价值的商品或服务在整个生产过程中所需的直接和间接土地占用量之和。基于表3.2，以隐藏在经济流背后的土地生态物质平衡为基础，可以得出如下公式：

$$\varepsilon_j x_j = \sum_{i=1}^{n} \varepsilon_j z_{ij} + l_j \tag{1}$$

对于所有部门，由（1）式可推导出其矩阵形式：

$$\varepsilon X = \varepsilon Z + L \tag{2}$$

其中，$L = [l_j]_{1\times n}$ 为土地直接占用矩阵，$E = [\varepsilon_j]_{1\times n}$ 为虚拟土地强度矩阵，$Z = [z_{ij}]_{n\times n}$ 为中间投入矩阵，$X = [x_{ij}]_{n\times n}$ 为总产出矩阵，其中 $i,j \in (1,2,\ldots,n)$，$x_{ij} = x_j(i = j)$，$x_{ij} = 0(i \neq j)$。

因此，虚拟土地利用强度矩阵E可由下式计算：

$$\varepsilon = L(X - Z)^{-1} \tag{3}$$

3.2.2 评价指标

为了对中国土地利用进行时间序列分析，本书列出了与之相关的土地利用评价指标，包括土地利用效率、基于生产－消费视角的虚拟土地、隐含在贸易中的虚拟土地等，具体内容如下。

（1）土地利用效率

土地利用效率是指提供单位货币价值的某种商品或服务所需要的直接和间接的土地利用量之和，也被称为虚拟土地利用强度（Costanza

1980）。土地利用效率被认为是投入产出分析中最基本的评价分析指标。

（2）基于生产－消费视角的虚拟土地量

本书核算比较了基于生产的土地利用（与特定部门或系统生产活动有关的直接土地占用）和基于消费的土地利用（隐含的，即与特定行业或系统消费活动有关的直接和间接土地占用之和）（Cadarso，López等2012），以厘清土地保护的责任分配。

基于生产视角的土地占用，记为ELP，等于直接土地利用量（Chen，Zhang 2010），即：

$$ELP_j = L_j \tag{4}$$

基于消费视角的土地占用，记为ELC，是在特定的系统中，整个商品或服务产业链上由最终消费活动所占用的虚拟土地量（Chen，Chen 2011）。最终消费活动一般可分为五种类型，即农村居民消费、城镇居民消费、政府消费、固定资本形成和存货增加。

$$ELC_j = \varepsilon_j F_j \tag{5}$$

其中，F_j 表示来自部门 j 的最终消费。

（3）隐含在贸易中的虚拟土地量

国际贸易对土地资源再分配具有重要作用。进口的虚拟土地占用量（ELI）和出口的虚拟土地占用量（ELE）是反映贸易过程中土地资源占用情况的两个重要指标，它们的差额被称为隐含在贸易平衡中的虚拟土地量（ELB）。在国际贸易中，ELB为正值的地区是土地资源的净供应者，而ELB为负值则意味着该地区是其他地区土地福利的净获取者（Chen，Chen 2011）。这三个指标的关系可用以下公式表示：

$$ELI_j = \varepsilon_j I_{mj} \tag{6}$$

$$ELE_j = \varepsilon_j E_{xj} \tag{7}$$

$$ELB_j = ELE_j - ELI_j \tag{8}$$

其中 I_m 表示来自地区 m 的进口。

3.3 小结

本章通过对数据来源、算法设计与指标选择的介绍，系统阐述了本书的研究方法。第四、五章将基于本章所构建的投入产出模型，分别对中国耕地、牧草地利用情况进行时间序列分析，并对中国相关土地保护政策进行进一步讨论。

第四章　虚拟耕地

4.1　时间序列分析

4.1.1　虚拟耕地利用强度数据库

耕地利用效率是衡量单位经济产出的耕地总成本（包括直接和间接）的指标，可以表示为虚拟耕地利用强度。图 4.1 对各年份的虚拟耕地利用强度进行了对比。28 年间，虚拟耕地利用强度呈下降趋势，从 71.17 公顷/百万元减少到 0.54 公顷/百万元。图中指数趋势线对数据具有良好的拟合优度，其 R^2 值为 0.9592。其结果表明，中国通过技术研发、土地政策和产业与贸易结构调整来提高耕地利用效率的努力卓有成效。但在此期间，年均减少量已经从 10.29 公顷/百万元下降到 0.08 公顷/百万元，提高耕地利用效率的潜力在未来变得十分有限。因此，中国需要加大力度发展耕地综合利用管理模式，将现代农业技术的应用与经济结构调整相结合。

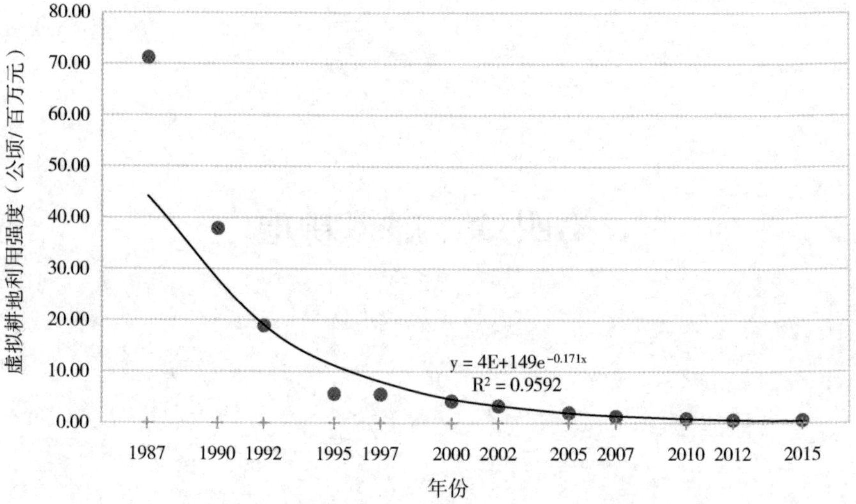

图 4.1 1987—2015 年中国虚拟耕地利用强度①

产业结构分析是 IOA 中的一个重要方面，图 4.2 展示的是中国各产业虚拟耕地利用强度的变化。按纵向比较，三大产业在相关年份中的虚拟耕地利用强度均呈现下降趋势：第一产业的虚拟耕地利用强度降幅显著，从 250.16 公顷/百万元下降到 3.63 公顷/百万元。相比之下，第二产业和第三产业则分别从 35.82 公顷/百万元和 15.81 公顷/百万元，下降到 0.46 公顷/百万元和 0.20 公顷/百万元。横向比较下，在 1987 年，三大产业间呈现出巨大的差异，第一产业的虚拟耕地强度水平分别是第二和第三产业的 5.98 倍和 14.83 倍。但随着农业生产技术的发展，虚拟耕地强度的产业间差异在逐年缩小。到 2012 年，第一产业的利用强度已经下降到和第二、三产业相同的水平，说明耕地的直接利用效率在未来的提升潜力同样受限。因此，产业结构调整将在耕地保护中发挥愈加重要的作用，施政方面应更加重视产业结构的调整。

① 本章图表根据笔者研究成果绘制，下同。

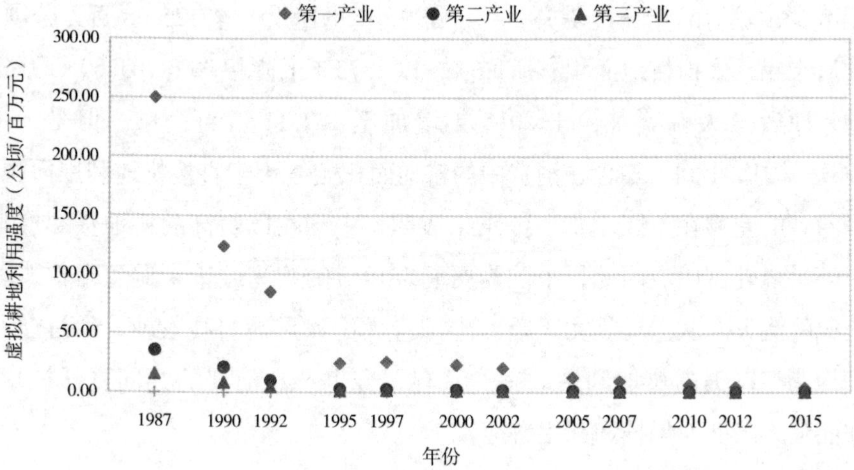

图 4.2　1987—2015 年三大产业虚拟耕地利用强度

4.1.2　隐含在消费活动中的虚拟耕地量

图 4.3 为 1987—2015 年间基于生产和消费的虚拟耕地对比。从生产角度来看，中国的耕地总面积从 1987 年的 95.89 百万公顷小幅减少到 1995 年的 94.97 百万公顷，下降了 0.12%。随后两年，由于土地数据统计系统的变更，耕地面积大幅增加，增加幅度达 18.39%。其后的 10 年间，耕地面积又由 129.90 百万公顷逐渐下降到 121.74 百万公顷，然后开始有所增加，最终稳定在 135.00 百万公顷左右。为保证粮食安全，中国制定了严格的土地保护政策，划定 18 亿亩耕地红线。Cui 和 Kattumuri 通过研究发现，中国耕地流失主要归因于生态修复与城镇扩张。例如在 1997—2008 年间，58.7% 的废弃耕地被用于生态修复。此外，中国进入城镇化的加速阶段，产业结构和相应的土地利用模式的变更导致了建设用地对耕地面积的大量占用。

基于消费的虚拟耕地也表现出相似的变化趋势：1987—1992 年间小幅减少，随后两年缓慢攀升，并于 1997 年迅速上升至 125. 28 百万公顷。此后十年，虚拟耕地面积有所回落，以 1. 73% 的降幅降至 103. 60 百万公顷，而后又大幅增加，于 2015 年增加至 137. 11 百万公顷。但是，在 1987—2012 年间，隐含在消费中的耕地面积始终小于直接耕地利用面积，且两者的差额在不断增加。该结果表明，中国在以较高的耕地资源成本来满足境外占用。因此，中国需要制定相应的贸易政策来避免虚拟耕地资源的流失。从生产视角上看，中国应大力发展高科技农业，通过产业结构调整以提高耕地利用效率。只有综合生产和消费的共同责任视角，才能最大限度地保护和利用耕地。

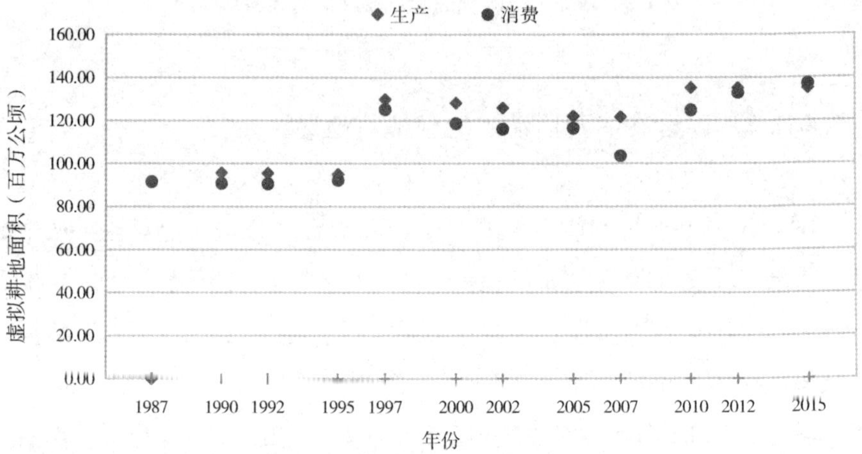

图 4. 3　1987—2015 年基于生产和消费的虚拟耕地面积

从生产视角来看，农业部门完全占据着耕地资源；但是从消费视角来看，耕地资源被分配给了所有的经济部门。如图 4. 4 所示，在 1987—2002 年间，第一产业利用的 ECLC（即基于消费视角的虚拟耕地量）份额最大，但随着中国工业化与城镇化进程的不断加快，第二产业的 ECLC 在 2005 年首次超过了第一产业，同时第三产业的 ECLC 也在波动上升并且有超过第一和第二产业的趋势。此外，从图 4.4 中可以看出 2010 年是一个拐点，此时第一产业的 ECLC 开始上升而第二产业则逐渐下降，这很有可能是因为“工业反哺农业”政策的实施。以上结果表明，由于产业结构升级，第二产业和第三产业将会对中国的耕地利用产生更大的影响。

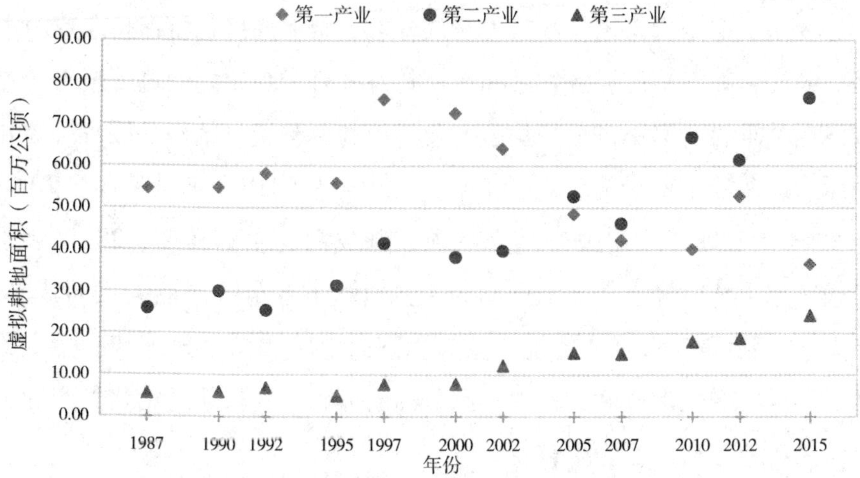

图 4.4　1987—2015 年三大产业中基于消费的虚拟耕地面积

4.1.3　隐含在贸易中的虚拟耕地流转量

从贸易平衡的角度来看，中国在 1987—2010 年间一直是耕地净出口国（见图 4.5）。尽管在所研究期间中国的虚拟耕地赤字一直存在，但不同年份的 ECLB 变化显著。1987—2007 年间，最低的 ECLB（即隐含在贸易平衡中的虚拟耕地量）出现在 1995 年，为 2.71 百万公顷；极大值则出现在 1990 年和 2007 年，分别为 7.84 百万公顷和 8.04 百万公顷。这种波动可以归因于中国对外贸易结构的演变。自 1978 年改革开放以来中国的对外贸易体量不断攀升。2003 年，中国超过美国成为世界第一大贸易国，随着净出口额的增加和虚拟耕地强度的下降，ECLB 在 1987—2015 年间不断变化。自 2010 年来，ECLB 很快下降至 1.26 百万公顷（净出口），并在 2015 年转变成为 0.96 百万公顷的净进口量，究其原因，可能是中国贸易顺差在 2008 年达到最高水平后持续下降。2010 年，中国进口增速大于出口增速，几乎达到进出口平衡。

今后，中国仍将进一步扩大对外开放，贸易规模也将保持在较高水平。因此，如何平衡经济发展和环境效益并且避免耕地的过度损失，对中国至关重要。缩小耕地密集型产业规模和调整贸易结构是缓解耕地利用压力的两项主要措施。几十年来，中国贸易结构变化显著：在 20 世纪 80 年代实现了以初级产品为主到以制成品为主的转变；20 世纪 90 年代实现了从以轻工、纺织产品为主到以机械和电子产品为主的转变；在 2000 年后则实现了从传统产品为主到以电子和信息技术产品为主的转变。这些变化都遵循着耕地资源节约的原则，即从耕地密集型产业为主向非耕地密集产业为主转变。

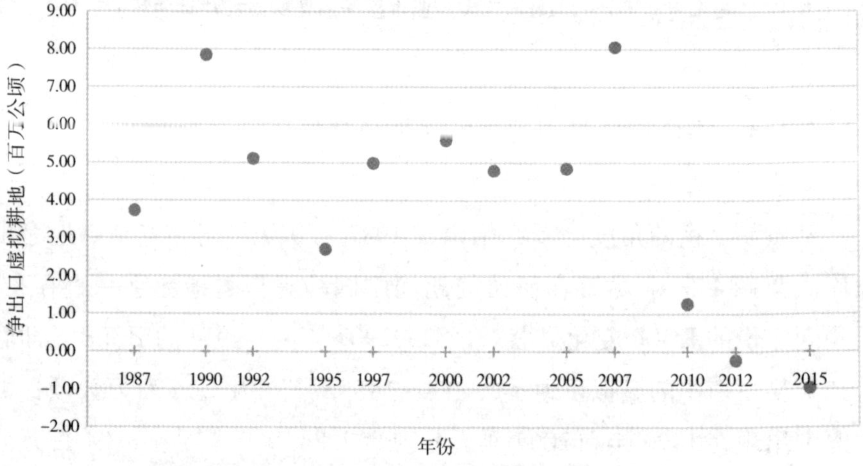

图 4.5　1987—2015 年贸易平衡中的虚拟耕地面积

如图 4.6 所示，三大产业贸易平衡中的虚拟耕地面积呈现出不同的变化趋势。由于粮食需求增加和国内外农产品价格的变化，中国面临着农业生产不足和粮食安全的严峻挑战，使得 1987—2015 年中国第一产业的虚拟耕地由净出口转变为净进口。同时，自 2002 年加入 WTO（世界贸易组织），中国制造业快速发展并成为“世界工厂”后，第二产业的虚拟耕地净进口急剧增加。相比之下，第三产业的虚拟耕地面积则在这些年间基本保持贸易平衡。综上所述，ECLB 三大产业的拐点分别出现在 1990 年和 2002 年，与中国市场经济体制改革和加入 WTO 等重大贸易决策相对应。

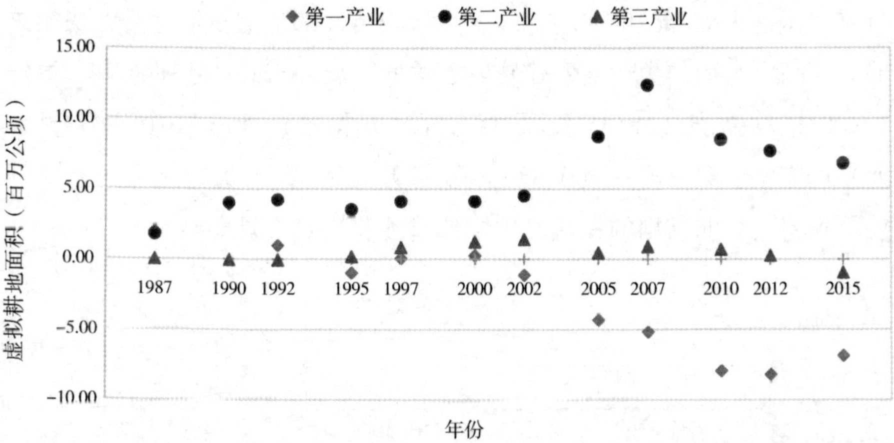

图 4.6　1987—2015 年三大产业中的虚拟耕地面积

4.2 产业结构分析

4.2.1 虚拟耕地利用强度

图4.7展现了2015年中国42个行业的虚拟耕地利用强度。部门1（农业）的强度最高，为15.95公顷/百万元，部门6（食品加工业）、7（纺织业）和31（酒店餐饮业）次之，分别为8.15、6.24和4.71公顷/百万元。这4个部门的产品，即食品与服装，都是与日常生活密切相关的必需品，它们的生产与农作物高度关联。就经济总体水平而言，第一产业的平均强度（15.95公顷/百万元）是第二产业（2.01公顷/百万元）的8倍、第三产业（0.89公顷/百万元）的18倍。巨大的产业间差距表明，产业结构的调整对中国的耕地管理具有重要意义。

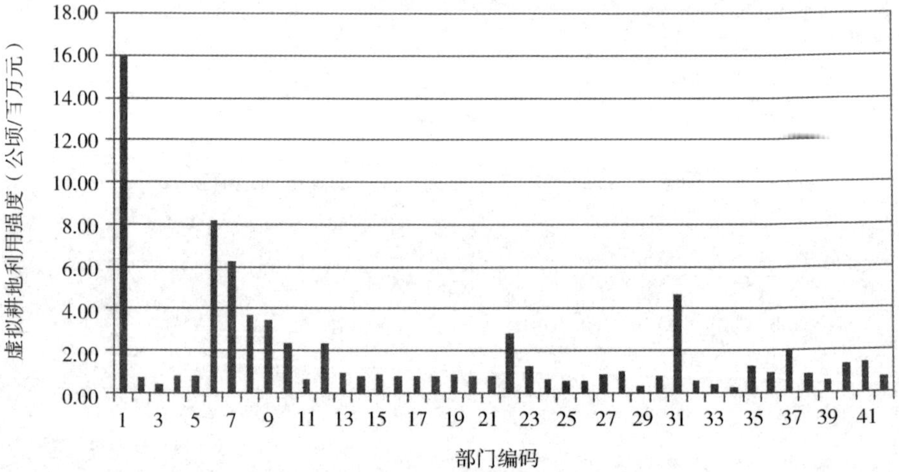

图4.7 2015年中国各部门虚拟耕地利用强度

4.2.2 贸易中的虚拟耕地

图4.8为2015年中国42个部门在贸易中的虚拟耕地利用强度。对于ECLI（即进口的虚拟耕地量）来说，中国最大的进口部门为部门1（农业，833万公顷），其次是部门6（食品加工业，364万公顷）、部门12（化工业，289万公顷）和部门20（仪器仪表业，200万公顷）；而对于ECLE（即出口的虚拟耕地占用量），部门8（服装业）、部门7（纺织业）和部门12（化工业）分别以4.12百万、3.50百万和2.56百万公顷居于前三。在进出口平衡方面，部门1（农业）是最大的虚拟耕地净进口行业，而部门8（服装业）则是最大的净出口行业。事实上，中国已经进入了农产品进口时代，特别是作为三大谷物作物的小麦、水

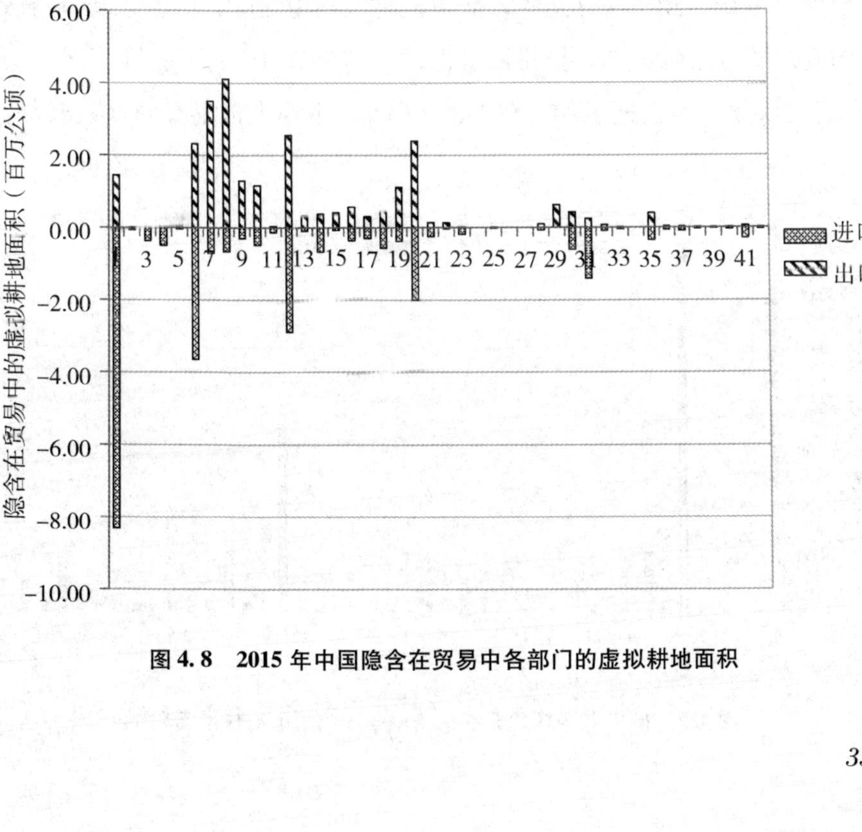

图4.8 2015年中国隐含在贸易中各部门的虚拟耕地面积

稻和玉米，其进口依赖程度在近十年呈现显著增加的趋势（Liu 2013）。因此，中国在不断增长的农产品贸易中应承担一定的占据国外农业用地的消费责任。近20年来，因为向他国交付了大量耕地密集型产品（如纺织品），所以中国尽管处于耕地资源非常稀缺的情况，但是依然扮演着净出口国的角色，而对这些耕地密集型产品制定严格的出口政策是很重要的。

4.2.3 虚拟耕地消费量

图4.9为中国42个部门在2015年的ECLC量。由于家庭消费和粮食需求的增加，部门1（农业）和部门6（食品加工业）的虚拟耕地消费量最大，分别为36.53百万和36.84百万公顷。部门28（建筑业）尽管只有1.01公顷/百万元的较低虚拟耕地利用强度，但由于其具有较高的固定资本投资，其虚拟耕地量也较大，为18.02百万公顷。部门31（酒店餐饮业）也占据了相对较多的ECLC，主要来自家庭的食物消费。

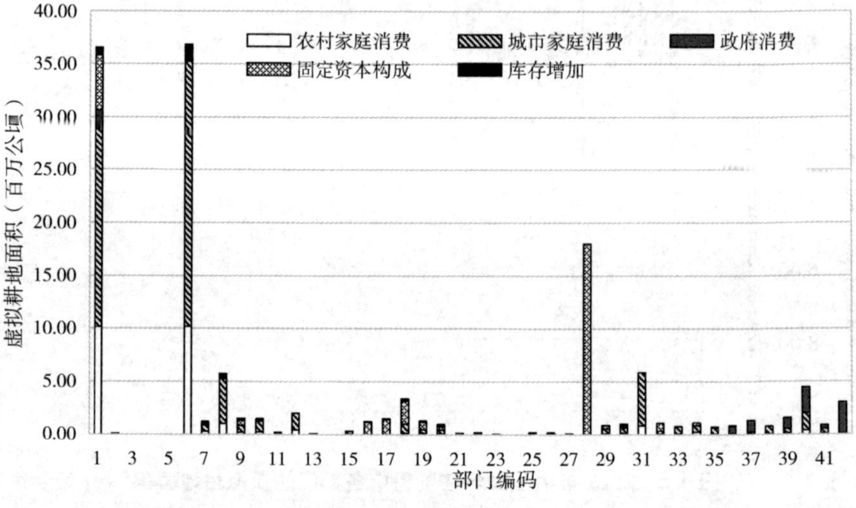

图4.9 2015年中国隐含在消费中各部门的虚拟耕地面积

4.3 讨论

中国的人口压力和土地竞争的日益加剧可能会增加粮食安全的脆弱性。在粮食安全形势严峻的情况下，耕地面积和农产品应当引起重视。图 4.10 比较了主要农产品的产出和所需的耕地面积，以表明农产品和耕地资源的关联。中国耕地面积在 1987—1997 年间呈现出波动的总趋势，并在之后的 10 年趋于平稳。然而，主要农产品产量在 1987—2007 年间稳步增长，主要受水果类产品显著增长趋势的推动。中国的水果产出量从 1987 年的 1668 万吨增长到 2007 年的 1.8136 亿吨，已成为世界第一大水果生产国。相比之下，最重要的农作物，即由水稻、小麦和玉米等组成的谷物，产出量则相对稳定。据 Grassini 等（2013）估算，全球 30% 的谷物作物已经达到其最大产量。从 1987 年到 2007 年，随着其他农业生产的增加，谷物生产量占比从 39.29% 下降到 23.34%。

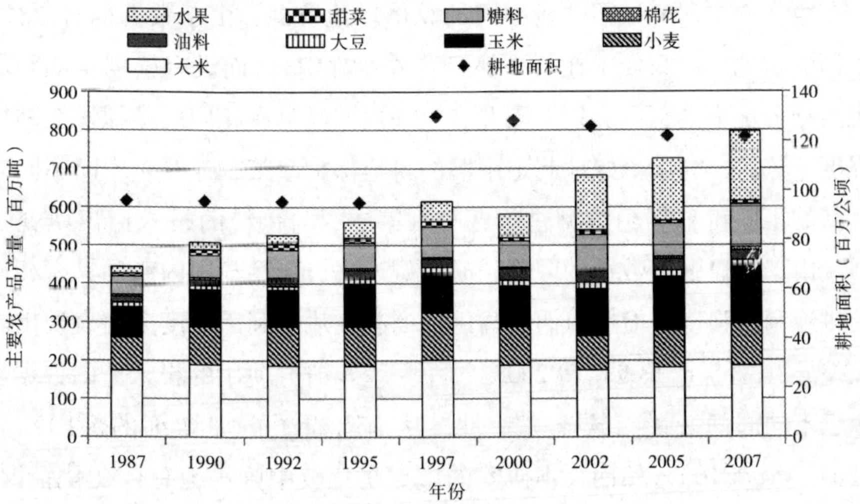

图 4.10 1987—2007 年中国主要农产品和耕地面积变化

通过对虚拟耕地的产业分析，建立各产业耕地保护的共同责任标准是十分重要且必要的。耕地集约型产业的责任是通过技术开发和资源配置提高土地利用效率。例如，农业机械化和自动化在提高部门1（农业）的耕地利用效率方面发挥了重要作用。同时，耕地利用强度较低的产业对消费和贸易活动的贡献更大。高新技术产业和服务业出口产品越多，占用的耕地资源就越少，这对限制中国耕地资源的外流具有正向作用。

为了为政策制定提供一致的数据支持基础，有必要通过有效的核算机制，定期建立历史耕地数据库。本研究结果表明，中国为满足境外消费，付出了较高的耕地资源成本，但近20年来的虚拟耕地利用强度下降趋势已经证实了中国提高耕地利用效率的努力和成效。中国高度重视贸易结构的变化，即增加电子设备等制造业、高科技产品（耕地强度较低）的出口，减少出口传统的纺织品等低端产品（耕地强度较高），这有利于平衡经济效益和环境效益，从而避免耕地过度流失。

本研究中，对1987—2015年中国耕地利用状况的评估也存在局限性。第一，本研究试图分析中国的总体耕地资源，由于数据的有限性，中国的耕地资源只集中在一个部门（农业部门），而没有根据耕地利用类型划分更细的部门类别。因此，不同农产品具有相同的虚拟耕地利用强度。然而，为了更好地制定中国的耕地保护政策，需要对中国不同农产品的不同耕地利用类型进行区分。第二，与传统的投入产出研究一样，由于进口强度数据的限制，研究假设进口商品与国内商品具有相同的耕地利用强度，但进口商品与国内商品在耕地利用强度方面表现出较大差异（Weber，Peters等2008）。第三，本研究使用的投入产出数据来源于不同部门分类，缺乏一致性，从而阻碍了更加详细的部门比较（Su，Ang 2010）。然而，本研究的重点是比较中国耕地总体变化情况，对行业分类水平不敏感。第四，1987年中国建立了土地统计制度，从那时起，统计程序经历了三次变更：1996年以前，进行1月1日至12

月 31 日的全年调查；1996—2006 年间，调查范围由每年的 3 月 1 日调整至 10 月 31 日；自 2007 年起，调查恢复到最初的全年调查（Wang，Chen 等 2012，Jiang，Deng 等 2013）。土地数据采集程序的变化对数据质量和一致性产生了负面影响，增加了时间序列研究的难度。但是，由于全国范围内土地利用格局在一年内比较稳定，本研究认为从收集程序变化中引入的数据差异是可以接受的。最后，这项研究使用国家 GDP 平减指数来调整价格变化，而不是使用其他价格指标。应当注意到，研究期间的价格变化因部门而异，因此更详细的部门价格水平指标可以更准确地反映这种变化。然而，由于数据的限制，本研究没有提供行业价格指数。

4.4　小结

中国耕地利用政策的演变与经济社会变迁密切相关，在不同时期表现出不同的特点。20 世纪 80 年代，以土地所有权与使用权相分离为主要特征的土地使用权制度首次确立。随后，为进一步明确土地权利属性，《农业法》《土地管理法》《水土保持法》《耕地征用补偿平衡法》等一系列法律法规相继颁布，并在“十一五”规划中提出“保护 18 亿亩耕地红线”的总目标（Cui，Kattumuri 2010）。与此同时，在维护社会经济发展与土地资源节约利用的双重目标下，土地资源市场化作为“双重维护决策策略”应运而生。而充分平衡耕地供需，了解耕地利用驱动因素是全面实现土地资源市场化的必要条件。

近年来，随着粮食需求的增加，生物燃料生产的扩大，特别是城市化进程的加快，中国耕地保护问题变得越来越重要（Fan，Li 等 2013，Qiang，Liu 等 2013）。例如，中国的城市面积在 20 世纪 90 年代增长了近 25%，导致大量耕地流失（Jiang，Deng 等 2013）。鉴于中国耕地的稀缺性，基于 IOA 探讨中国耕地如何满足消费和贸易需求的研究相对较少。在此背景下，本文采用投入产出模型对 2015 年中国国内消费和国际贸易中所体现的虚拟耕地进行了分析，并对 1987—2015 年中国耕地资源的 ECLP、ECLC、ECLI 和 ECLE 进行了时间序列分析。具体结果如下：

（1）中国虚拟耕地利用的部门分析

2015 年，部门 1（农业）的虚拟耕地利用强度最高，为 15.95 公顷/百万元，其次是部门 6（食品加工业）、部门 7（纺织业）、和部门 31（酒店餐饮业），分别为 8.15、6.24 和 4.71 公顷/百万元。这 4 个部门的产品（即食品与服装）都是与日常生活密切相关的必需品，而它们的生产与农作物高度关联。部门 1（农业）是最大的虚拟耕地净进口行业，而部门 8（服装业）则是最大的净出口行业。部门 1（农业）和部门 6（食品加工）体现了最大的虚拟耕地量，分别为 36.53 百万公顷和 36.84 百万公顷。

（2）中国虚拟耕地利用的时间分析

1987 年至 2015 年，中国耕地利用强度呈下降趋势，从 71.17 公顷/百万元减少到 0.54 公顷/百万元，体现了中国提高耕地利用效率各项努力和措施的成效。尽管在所研究期间中国的虚拟耕地赤字一直存在，但不同年份的 ECLB 变化显著。在 1987—2007 年，最低的 ECLB 出现在 1995 年，为 2.71 百万公顷；极大值则出现在 1990 年和 2007 年，分别为 7.84 百万公顷和 8.06 百万公顷。这种波动可归因于中国国际贸易结构的演变。以生产和消费为基础的耕地利用格局呈现出相似的趋势：1987—1995 年和 1997—2007 年期间变化不大，但 1995—1997 年和 2007—2015 年开始上升。

第五章　虚拟牧草地

5.1　时间序列分析

5.1.1　虚拟牧草地利用强度数据库

图 5.1 展示了 2000—2015 年这 15 年来的虚拟牧草地利用强度。虚拟牧草地利用强度 15 年来总体呈下降趋势，由 22.53 公顷/百万元下降到 2.24 公顷/百万元。但年平均递减率由 2.37 公顷/百万元降至 0.12 公顷/百万元。预计未来通过牧场保护提高牧草地利用效率的可能性将受到一定限制。因此，考虑到贸易和消费结构升级，中国政府发展可持续的牧场管理模式的计划将面临巨大挑战。

图 5.2 展示了 2000—2015 年中国各部门虚拟牧草地利用强度的变化。可以看出，第一产业的虚拟牧草地利用强度从 123.90 公顷/百万元大幅下降到 15.01 公顷/百万元。这一减少可归因于畜牧业利用效率的提高。第二产业和第三产业所体现的虚拟牧草地利用强度则较低，分别从 12.13 公顷/百万元降至 1.89 公顷/百万元，7.35 公顷/百万元降至

0.84 公顷/百万元。通过产业间比较可以看出，2000 年三大产业差异最为显著。但由于畜牧业的技术创新，提高了中国牧场的利用效率，产业间的差距逐年减小。然而，第二和第三产业的减少却十分有限。

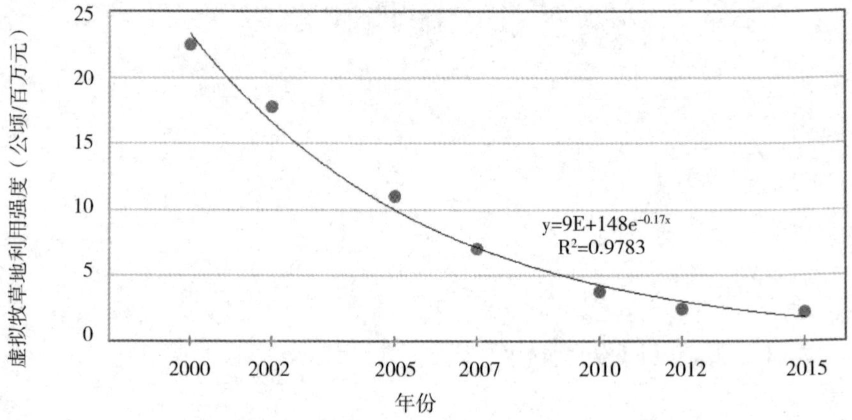

图 5.1　2000—2015 年中国虚拟牧草地利用强度①

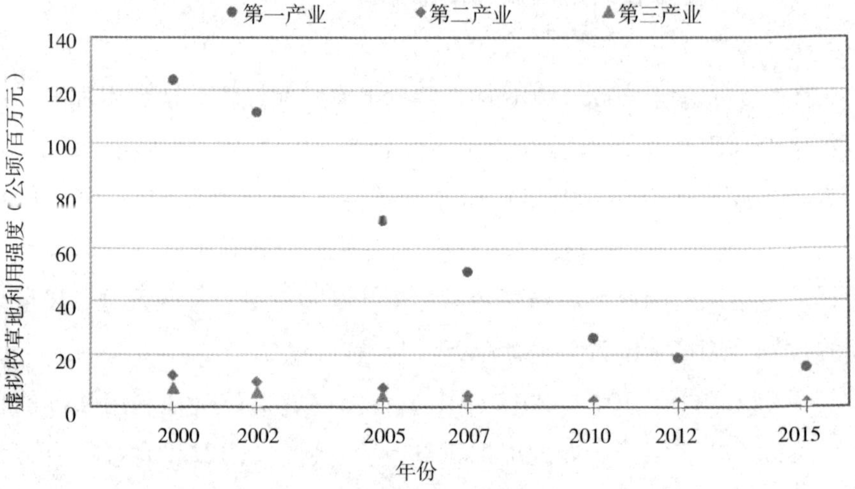

图 5.2　2000—2015 年三大产业的虚拟牧草地利用强度

① 本章图表根据笔者研究资料绘制，下同。

5.1.2　隐含在消费活动中的虚拟牧草地量

图5.3展示了2000—2015年基于生产和消费的虚拟牧草地。从生产视角来看，中国牧草地面积从2000年263.85百万公顷减少到2015年219.42百万公顷，减少幅度达16.84%。中国是世界上第四大牛肉生产国和最大的绵羊生产国（Wirsenius 2010），其中牧草地发挥了重要作用。为防止牧草地退化，中国政府也制订了各种计划。

隐含在消费中的虚拟牧草地从2000年244.27百万公顷增加到2005年262.15百万公顷，2010年开始大幅减少至202.81百万公顷，2015年则略有增加，达222.85百万公顷。这种变化主要归因于消费结构的调整和乳制品贸易结构的调整。2000—2015年，除2005、2012和2015三个年份牧草地的生产与消费基本达到平衡，其余年份，基于消费的牧草地均小于基于生产的牧草地。这表明，中国为满足其边界以外的消费而付出了高昂的牧场资源成本，并为此带来了严重的后果。但是，在大力保护环境和生态的背景下，这样的情况预计将得到改善。

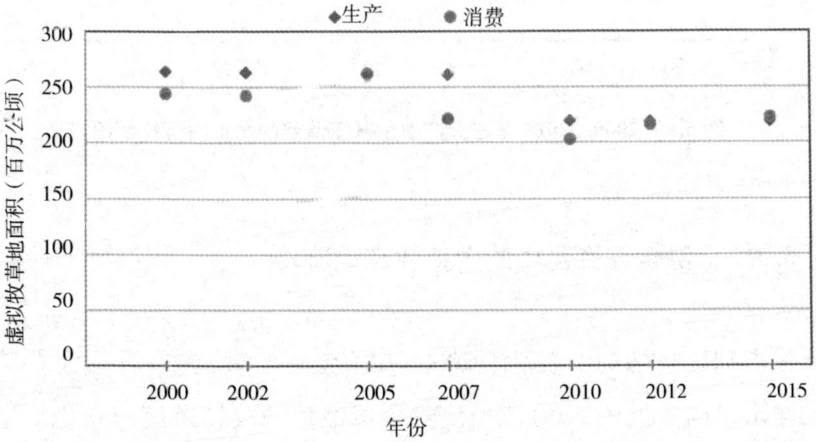

图5.3　2000—2015年基于生产和消费的虚拟牧草地面积

从消费的角度来看（见图 5.4），2000—2002 年第一产业占据了最多的 EPLC。然而，由于中国城市化进程的加快，第二产业 EPLC 不断提高，并在 2005 年超过第一产业。2010 年开始，日渐增加的收入和饮食结构的西化增加了对乳制品的需求，使第一产业又开始增长。第三产业 EPLC 则呈现出波动性增长，但其与第一和第二产业之间仍存在明显差距。服务业虽然被视为“非物质”和“环境友好”产业（Fourcroy，Gallouj 等 2012），但仍然可以通过区域间贸易间接占用牧草地资源（Ge，Lei 2014）。尽管隐含在服务业中的虚拟牧草地与其他行业之间仍然存在差距，但随着服务业的发展，在未来应给予更多的关注。

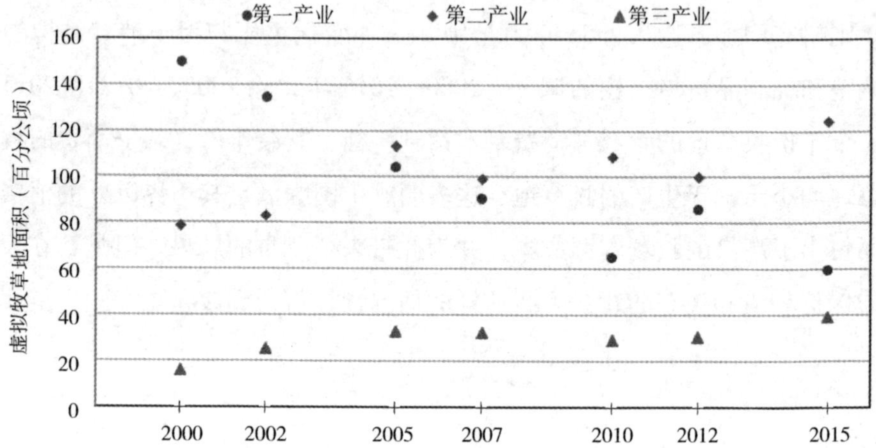

图 5.4　2000—2015 年三大产业中基于消费的虚拟牧草地面积

5.1.3　隐含在贸易中的虚拟牧草地流转

考虑到贸易格局的变化，2000—2010 年间，中国一直是牧草地资源的净出口国（见图 5.5），扮演着全球经济的牧场供应商角色。中国的 EPLB 在 2000—2010 年有明显的变化，并于 2007 年达到最大值

17.24 百万公顷。这种波动可能源于中国对外贸易格局的变化，特别是乳制品贸易格局的变化。然而，这种不稳定性在 2012 年以后达到了贸易平衡。自 2009 年以来，随着乳制品的进口，中国隐含在贸易平衡中的虚拟牧草地以 42% 的年增长率增长，并于 2015 年成为了净进口国。

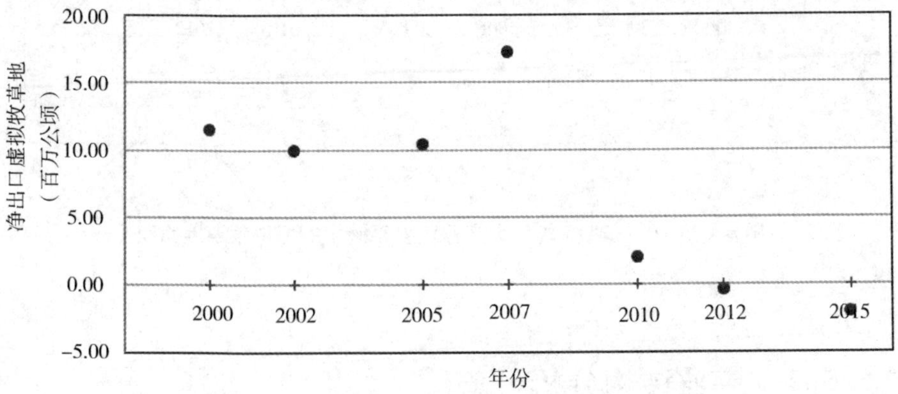

图 5.5　2000—2015 年贸易平衡中的虚拟牧草地面积

图 5.6 展示了三大主要产业隐含在贸易中的虚拟牧草地利用强度，其结果表现出显著的差异。三大主要产业隐含在贸易中的虚拟牧草地利用强度的变化趋势与牧草地较为相似：2000 年，第一产业呈现净出口的特征；而 2002—2015 年，由于城市化加快、收入增长以及饮食西化所引起的对乳制品的高需求，第二产业也逐渐转变为净进口。其中，2002—2007 年间，第二产业中虚拟牧草地的净出口值大幅增加，2007 年以后呈现明显下降。这一现象可能归因于中国快速的工业化以及大量制成品的出口。然而，在第二产业净出口中，环境友好型的制成品目前正逐渐减少。第三产业因其不属于牧草资源密集型产业，因此，在所研究的年份中始终保持着贸易平衡。

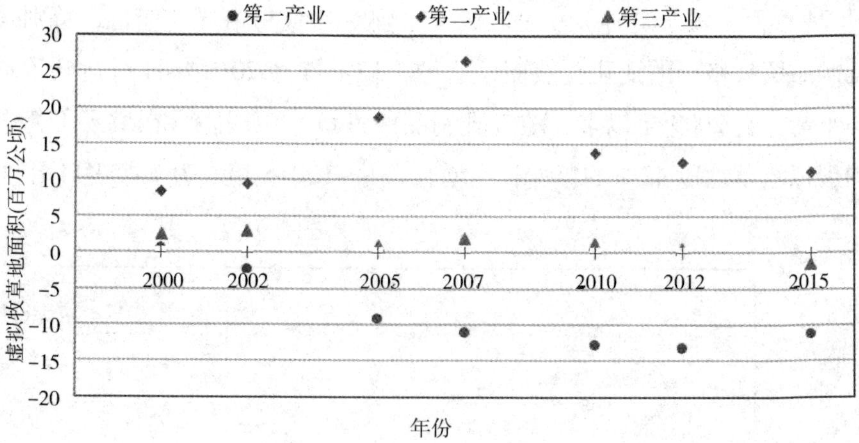

图 5.6 2000—2015 年三大产业贸易平衡中的虚拟牧草地面积

5.2 产业结构分析

5.2.1 虚拟牧草地利用强度

图 5.7 为 2015 年虚拟牧草地利用强度。其中，部门 1（农业）利用强度最大，达 25.93 公顷/百万元，其次为部门 6（食品加工业）、部门 7（纺织工业）、部门 31（酒店、餐饮服务业），分别达 13.24、10.15、7.66 公顷/百万元。这四个部门与日常生活必需品直接相关，与乳制品的生产也高度相关。此外，第一产业的平均利用强度是第二产业的 8 倍，是第三产业的 18 倍。产业间的巨大差异表明，产业结构和消费结构的调整对中国牧草地可持续利用管理具有重要影响。

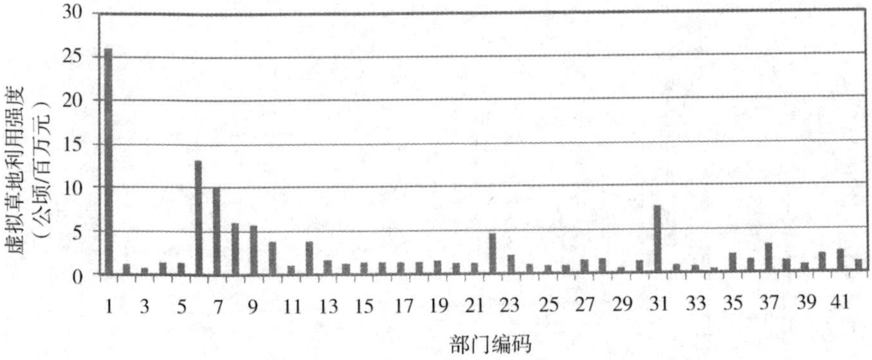

图 5.7　2015 年中国各部门虚拟牧草地利用强度

5.2.2　贸易中的虚拟牧草地

图 5.8 为 2015 年中国隐含在贸易中的各部门虚拟牧草地占用面积。对于 EPLI 来说，部门 1（农业，13.54 百万公顷）为中国最大的进口行业，其次是部门 6（食品加工业，5.91 百万公顷）、部门 12（化工业，4.70 百万公顷）和部门 20（仪器仪表业，3.24 百万公顷）；而对于 EPLE，部门 8（服装业）、部门 7（纺织业）和部门 12（化学产品业）分别以 6.79 百万公顷、5.70 百万公顷和 4.16 百万公顷居于前三。在进出口平衡方面，部门 1（农业，11.16 百万公顷）是最大的虚拟牧草地净进口行业，而部门 8（服装业，5.64 百万公顷）则是最大的净出口行业。在过去的 10 年间（2000—2010 年），中国不断扮演着净出口国的角色，出口了大量牧草地利用密集型产品（如乳制品）。值得注意的是，中国在 2015 年以 40.55 百万公顷总量的 EPLI 和 42.11 百万公顷的 EPLE 成为牧草净进口国。这表明中国应当逐渐承担起因占有全球其他国家虚拟牧草地而产生的消费责任。

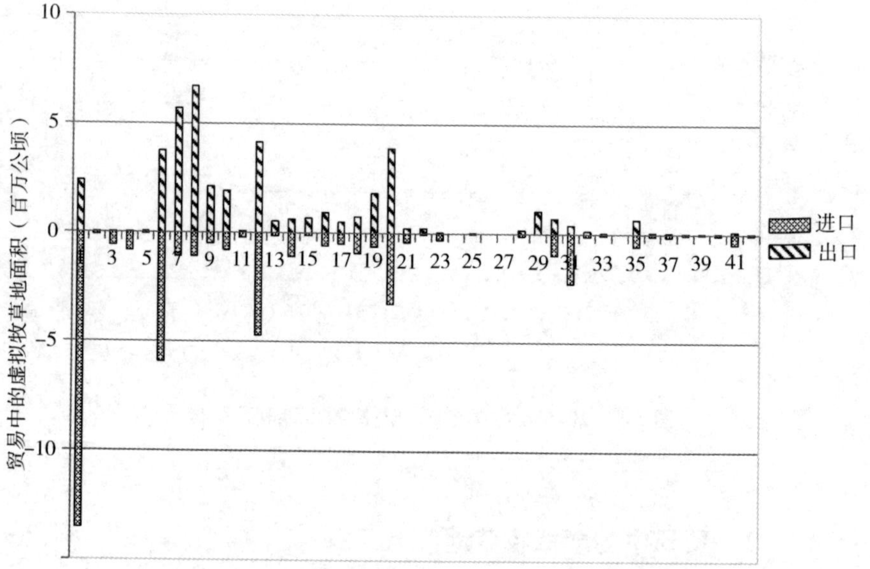

图 5.8 2015 年中国贸易中各部门的虚拟牧草地面积

5.2.3 虚拟牧草地消费量

2015 年中国 42 个部门中隐含虚拟牧草地面积（见图 5.9）。部门 6（食品加工业）和部门 1（农业）占用了最多的虚拟牧草地，分别达 59.88 百万公顷和 59.37 百万公顷。这些较大的虚拟牧草地占用主要归因于家庭食品消费升级和不断增长的粮食需求。尽管部门 28（建筑业）仅有 0.16 公顷/千元的低虚拟牧草地利用强度，但由于中国较高的固定资本投资建筑业共占用 29.30 百万公顷的虚拟牧草地面积。此外，由于城市居民对乳制品的消费，部门 31（酒店、餐饮服务业）也占用了相当数量的 EPLC，达 9.53 百万公顷。

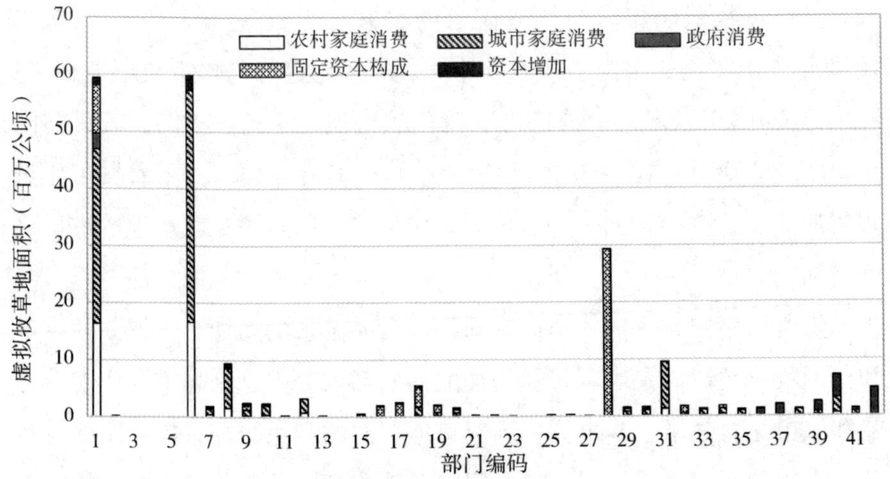

图 5.9 2015 年中国消费中各部门的虚拟牧草地面积

5.3 讨论

5.3.1 饮食变化对中国牧草地利用的影响

城市化导致中国饮食结构变化，从而为中国食品生产链带来压力（Satterthwaite，McGranahan 等 2010，Seto，Ramankutty 2016）。随着中国城市化进程的加快，居民饮食结构的变化引起了粮食种植的增加，并进一步带来土地需求量的增加（Pingali 2007）。

由于城市居民对乳制品的消费增长，中国的饮食结构发生了重大变化（Popkin 1999，Delgado 2003，Pingali 2007）。考虑到饮食结构的变化将依赖于大量的牧草地资源，中国的牧草地需求在未来将呈现显著增长趋势。

从中国牧草地需求与饮食需求的关系来看（见图 5.10），2001—2015 年中国猪肉、牛肉、羊肉对外贸易的变化趋势与虚拟牧草地相似：特别是 2006 年以来，中国进口了较多的猪肉、牛肉、羊肉，其可归因于 2005—2006 年中国发生的动物疫病。自 2006 年以来，随着城市化进程的加快、饮食结构西化和居民收入增加，中国对虚拟牧草地的进口逐渐增加。

随着对猪肉、牛肉、羊肉等动物性食品需求的增加，了解如何供应和分配牧草地以满足中国日益增加的消费需求变得越来越重要。在全球化和城市化背景下，本书为中国牧草地资源的利用与配置提供了新的视角。未来的研究可进一步探讨中国粮食消费模式的变化、牧草地需求变化以及全球粮食供应网络之间的关系。其难点在于评估或确定肉类与牧草地之间的转化率。

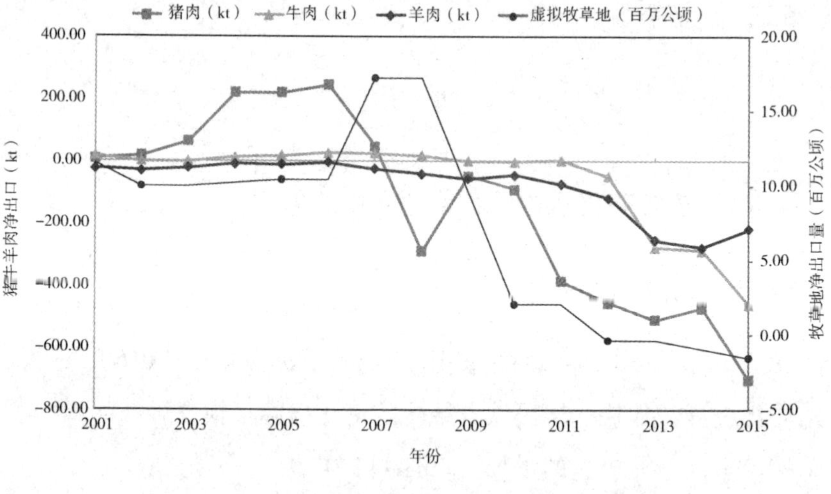

图 5.10　2001—2015 年虚拟牧草地和猪牛羊肉净出口

5.3.2 中国虚拟耕地、牧草地占用的比较

耕地和牧草地是两个重要的农业用地类别，主要满足人类食品需求；前者主要用于植物性食物的生产，后者可以提供动物性食物（如肉类和牛奶）（Röös，Patel 等 2016）。随着中国经济的快速增长，中国的饮食结构发生了重大变化，对动物性食物需求增长的同时也导致了牧草地需求的增加。因此，从时间和产业角度评估中国虚拟土地的利用情况，为中国可持续的食品消费提供了重要启示（Guo，Shen 等 2014）。

通过时间序列分析来看，耕地和牧草地的变化规律相似。1987—2015 年和 2000—2015 年期间，中国耕地和牧草地的土地利用强度呈下降趋势。在贸易平衡方面，虚拟耕地和牧草地变化均较大，并都在 2007 年达到最大值。这种波动与中国农业对外贸易结构的演变密切相关。尽管隐含在贸易部门的虚拟耕地和牧草地之间存在明显的结构相似性，但进出口部门的虚拟牧草地几乎是虚拟耕地的两倍。

通过产业分析来看，耕地和牧草地的部门变化趋势较为相似。部门 1（农业）的利用强度最高。而提供基本生活必需品的工业，包括服装、食品、住房和交通运输，也占用了大量的耕地和牧草地资源。此外，部门 1（农业）是中国最大的虚拟耕地和牧草地进口部门，而部门 8（服装业）则出口了最多的虚拟耕地和牧草地。但其牧草地的指标在数量上几乎是耕地的两倍。对比结果表明，中国的饮食结构逐渐需要大量的动物性食品，因此，未来的研究应关注增加的动物性食品对牧草地的需求。

5.3.3 研究的局限性

本研究旨在评估 2000—2015 年间中国虚拟牧草地利用情况，但研

究仍然存在一定的局限性。第一，本研究对中国虚拟牧草地利用进行了部门分析。然而，由于数据的有限性，本研究认为牧草地主要集中在农业部门，并未依据农业活动的不同类型进行进一步细分。此外，在同一部门中，本研究假设各种农产品的虚拟牧草地利用强度相等。而为了有效地制定和实施中国的牧草地保护政策，必须深入了解不同农牧业产品的牧草地利用情况。第二，由于数据限制，本研究假设了进口商品与国内商品具有相同的虚拟牧草地利用强度。然而，进口商品可能与国内商品表现出巨大差异（Weber，Peters 等 2008）。为了提高结果的可靠性，未来的研究将结合更多可获得的全球贸易数据库构建投入产出模型。第三，由于土地总面积固定，各种土地利用类型之间存在竞争性。因此，牧草地与其他土地利用类型之间的竞争关系值得探讨，但各种土地利用类型的属性数据获得的有限性，成为探索各种土地利用类别之间联系的主要限制因素。第四，进一步的研究将系统性探究可持续土地和水管理的协同治理方案。这比本研究的单一目标方案更有效，且将对开展跨区域合作，探索各生态系统的协同管理具有重要意义。

5.3.4 政策建议

牧草地是用于生产肉类、奶制品和其他动物产品的土地。牲畜放牧是过去 30 年来中国牧草地严重退化的主要原因（Yu，Liu 等 2011）。过度放牧不仅对土壤物理质量产生不利影响，还可能进一步破坏生态平衡。

中国政府从不同角度实施了大量的牧场保护政策。自 2012 年以来，中国已建立了生态保护“红线”，实现了对国家牧草地的全面控制。2018 年 10 月，生态环境部承诺到 2020 年，中国生态保护面积将达到全国总面积的 25%。为实现这一目标，中国制定了一系列详尽的土地资源统计办法，以准确核算土地资源。此外，自 2011 年以来，中国政府已建立了牧场生态保护补助和奖励制度。在评价政府绩效时，考虑牧草地的生态保护成果，这也成为对地方政府的有效激励措施。所有这些公共政策都表明了中国政府在改善牧场生态环境方面的决心和努力。

为了实现这些政策目标，中国政府从生产的角度提出了诸多直接的生态保护策略，如鼓励根据当地气候和土壤条件选择适当的植被和牲畜品种。然而，本研究发现随着全球化的发展，直接的牧草地保护策略对中国牧草地的保护效果并不理想。国内和国际贸易将使地方政府的政策效果转移或扩散。因此，在全球化背景下，从贸易视角研究中国虚拟牧草地对中国建立系统性的牧草地保护战略具有重大的现实意义。许多学者已经探讨了全球化对土地利用变化的影响，这表明全球化已成为实现土地可持续利用的主要驱动力（Lambin，Meyfroidt 2011）。

实际上，中国政府已经制定了相关政策。国务院《关于全面加强生态环境保护坚决打好污染防治攻坚战的意见》（以下简称《意见》）指出产业结构、生产方式和生活方式应转变为可持续发展模式，到2035 年，中国的生态环境得到显著改善。而本研究力图为这一《意见》的实施提供理论依据、数据支持和政策指导。具体政策建议如下：

本研究通过对外贸易政策的调整，从宏观视角为中国政府实现可持续发展提供科学依据。根据图 5.1 和图 5.3 所示的计算结果可以看出，中国为满足境外消费付出了一定的牧草地资源成本。尽管在 15 年间，虚拟牧草地利用强度的下降趋势证实了中国提高牧草地利用效率上的努力。但地方政策效应的空间溢出将减缓本地牧草地利用效率的提升。因此，在国际合作中，中国应尽量避免虚拟牧草地的跨境转移。事实上，这一倡议也在 2012 年里约 G20 会议提出的全球可持续发展目标（SDG）中有所体现。

本研究中详细的产业分析也为产业结构调整提供了方向。部门 8（服装业）作为中国最大的虚拟牧草地净出口行业应给予密切关注，具体表现为应从生产和消费两个视角进行政策制定，如对服装企业建立企业社会责任制（CSR），引导可持续的生产和消费模式。根据本研究结果，建议对需要集约利用牧草地的产业实行一定的出口限制，并对高科技和生态友好型产业实行出口激励政策。图 5.7 显示了 42 个部门的牧草地利用强度，可用于识别各行业对牧草地的利用效率。

综上所述，本研究通过可靠的土地利用核算机制，力图建立中国虚拟牧草地利用强度数据库，从而为建立可持续的牧草地利用决策提供数据支撑。此外，本研究力图为政策制定者对中国牧草地利用模式的理解提供新思路。

5.4 小结

在全球化、城市化和工业化背景下，中国正在经历与其经济贸易相关的土地利用变化（Wu，Wei 等 2017，Wu，Shan 等 2017）。牧草地共约 400 百万公顷，占中国总土地面积的近 28%（Ni 2002），是畜牧业生产和水土保持的重要载体。然而近年来，牧草地退化加剧已成为中国的一个严重生态问题（Zhang，Yu 等 2007）。近 20 年来，中国的快速城市化导致了饮食、生活方式的显著变化，使得未来对牧草地的需求将大幅增加（Popkin，Du 2003）。

在全球化背景下，考虑到中国牧草地的重要性，开展中国牧草地可持续利用的研究十分必要。为了填补这一研究空白，本研究基于 IOA 方法，从国内消费和国际贸易两个角度对中国虚拟牧草地利用进行了时间序列分析，以期为中国牧草地可持续利用提供理论依据与数据支持。本研究对 2000—2015 年中国虚拟牧草地利用进行了时间序列的综合分析，并对 2015 年进行了详尽的产业分析。这一研究有助于中国政府在全球化背景下识别出影响中国牧草地可持续利用的关键因素，而后续研究将评估相关国际贸易政策变动对中国牧草地利用的影响。本章主要研究结果如下：

（1）中国虚拟牧草地利用的时间序列分析

2000—2015年，中国虚拟牧草地利用强度呈下降趋势，从22.53公顷/百万元降至2.24公顷/百万元。2000—2015年间，中国一直是牧草地净出口国。此外，隐含在贸易平衡中的虚拟牧草地在研究期间发生较大变化，其中2007年达到最大值，为17.24百万公顷。这种波动与中国国际农业贸易结构的演变密切相关。而研究期间，以消费为基础的虚拟牧草地利用变化并不显著，变化幅度在202.81万公顷至262.15万公顷之间。

（2）中国虚拟牧草地利用的部门分析

部门1（农业）为虚拟牧草地利用强度最大的行业，紧随其后的是与日常生活必需品密切相关的行业，如部门6（食品加工业）、部门7（纺织业）和部门31（酒店、餐饮服务业）。此外，部门1（农业）也是中国最大的虚拟牧草地净进口行业，达13.54百万公顷；而部门8（服装业）则是中国最大的虚拟牧草地净出口行业，达6.79百万公顷。从消费视角分析，基本生活必需品，特别是乳制品和肉制品，占用了大量的牧草地资源，其中部门1（农业）、部门6（食品加工业）和部门28（建筑业）占用的虚拟牧草地分别达59.88百万公顷、59.37百万公顷和29.30百万公顷。

第六章　结论与展望

本研究基于“虚拟土地”视角，在全球化经济网络与土地利用系统耦合关联的背景下，系统地探讨了中国虚拟土地利用在时间尺度上的关联。通过建立虚拟土地利用强度数据库，明确中国虚拟土地及其产业分布特征的演变模式，为实现可持续的土地管理提供政策建议。

第一章，在经济全球化与可持续的土地利用管理研究背景下，对研究问题进行了梳理；第二章，对中国实际土地利用和虚拟土地进行了文献综述，并识别出当前研究的空白之处；第三章，对研究方法论进行了描述。前三章为实现研究目标提供了坚实的理论基础。第四、五章则基于时间序列数据，探讨了在中国经济发展的不同时期，多种土地类型的利用情况，包括耕地和牧草地。研究结果有助于重新认识中国虚拟土地的历史特征。此外，本研究还提供了一个详尽的中国虚拟土地利用强度数据库，为全球化进程中的多个可持续目标提供数据支持。

本章首先对时间序列数据的研究结果进行系统总结，然后指出本书的研究意义与不足，并对未来的研究方向进行展望。

6.1 主要研究结论

6.1.1 时间序列研究结果

对1987—2015、2000—2015年中国虚拟耕地和牧草地利用进行时间序列分析，其研究结果如下：

（1）中国虚拟土地的时间序列分析

1987—2015、2000—2015年中国虚拟耕地和牧草地利用强度均呈现下降趋势，分别从71.17公顷/百万元降至0.54公顷/百万元，22.53公顷/百万元降至2.24公顷/百万元。该趋势反映了中国在提高综合土地利用效率方面所作出的努力。在2000—2010年间，中国一直是耕地和牧草地的净出口国。其中，两种农业土地利用类型的变化格局呈现出相似性：在该研究时段，隐含在贸易中的虚拟土地变化显著，且在2007年达到最大值。由于中国对外贸易结构的变化，隐含在对外贸易中的虚拟耕地和牧草地分别在1.26百万—8.04百万公顷和2.05百万—17.24百万公顷之间波动。而基于消费视角的虚拟土地利用变化并不显著，其中，虚拟耕地、牧草地的变动范围分别为90.53百万—137.11百万公顷和202.81百万—262.15百万公顷。

（2）中国虚拟土地的部门分析

对于虚拟耕地和牧草地而言，部门1（农业）是虚拟土地利用强度最高的行业，部门6（食品加工业）、部门7（纺织业）以及部门31（酒店与餐饮业）等与生活必需品密切相关的产业也呈现出较高的虚拟土地利用强度。

从贸易视角来看，部门1（农业）是中国虚拟耕地和牧草地的最大净进口产业，分别高达 8. 33 百万和 13. 54 百万公顷；部门 8（服装业）为以上两种虚拟土地的最大净出口产业，净出口量分别达 4. 12 百万和 6. 79 百万公顷。尽管从产业视角看，虚拟耕地和牧草地的产业占用情况较为相似，但其在规模上仍存在着相当大的差异。按部门划分的虚拟牧草地的净出口量约为虚拟耕地的 2 倍。

从消费视角来看，居民的衣食住行等基本生活需求占用了大量的虚拟土地资源。其中，部门 1（农业）、部门 6（食品加工业）和部门 28（建筑业）占用了最多的虚拟耕地和牧草地，三个部门对两种土地利用类型的占用量分别为 36. 53 百万和 59. 88 百万公顷；36. 84 百万和 59. 37 百万公顷；18. 02 百万和 29. 30 百万公顷。

6. 1. 2 政策建议

地方政府实施的最直接的土地资源保护政策，主要目的是提高土地资源的利用效率。如本地政府综合当地的土地资源状况合理选择种植作物以提高本地的土地利用效率。而在全球化背景下，经济贸易在缓解土地资源压力方面也发挥着重要作用。当地消费行为和区域间贸易活动都与土地资源利用有着密切关联。通过对复杂的全球化经济网络下的“虚拟土地”的深入研究，本研究将有助于可持续土地保护政策的制定。主要政策建议如下：

从时间序列上看，2000—2015 年，中国一直是耕地和牧草地的净出口国。为了缓解这种状况，产业结构调整是避免中国土地资源过度转移的有效措施。根据本研究对虚拟土地的产业分析，建立各产业对土地保护的责任标准具有重要意义。土地密集型产业有义务通过技术开发和资源再配置提高土地利用效率。例如，对于部门 1（农业），农业机械化和自动化是有效利用耕地的重要手段。而土地利用强度较低的产业可主要对其消费和贸易活动进行调整。由于许多高新技术和服务产业的出口产品占用较少的土地资源，因此发展高新技术产业有利于限制中国土地资源的外流。此外，贸易结构调整也是一种有效的调控手段，如增加电子设备等低耕地利用强度产品的出口量，并适当降低纺织品等高耕地利用强度产品的出口，从而平衡经济与环境效益，减少土地流失。

6.1.3 主要结果比较

生态足迹（EF）通过计算人类所消费的产品或服务所占用的土地面积来衡量人类对生产性土地资源的需求（WWF，IGSNRR 等 2013）。世界自然基金会（WWF）对全球 EF 进行了大量研究。本节对 WWF 2013 年发表的《中国生态足迹与可持续消费》的主要研究结果与本研究的结果进行了比较（见表 6.1）。

表 6.1 EF 与 IOA 主要结果比较（WWF，2013）

内容	方法		比较
	EF（WWF）	IOA（本研究）	
产业分析	中国人均 EF 主要受住房与食品的影响	农业与食品加工业是虚拟耕地和牧草地的最大占用部门	两者结果基本一致：相比其他行业，中国的食品和住房性需求占用了更多的土地资源

6.2 主要创新点

首先，本研究对中国虚拟土地核算进行了理论性研究。虽然前人对“虚拟土地”和“土地足迹”进行了大量的研究，但对中国虚拟土地利用特点的甄别尚显不充分。本研究着重探讨了中国虚拟土地利用变化的动态演化。

其次，经济全球化增强了世界的经济联系，并进一步影响着土地资源的分布，本研究系统分析了经济全球化对中国土地利用变化的影响。

此外，本研究建立了中国虚拟土地利用强度的综合数据库。通过统一的核算机制和原始数据，建立了一致的长时间序列的土地利用强度数据库，为中国土地可持续利用规划管理提供了有效的数据支持。

最后，在系统分析中国虚拟土地利用现状的基础上，本研究为政策制定者提供了政策建议。在经济全球化和土地稀缺的背景下，建立中国各产业的土地保护责任具有必要性和重要性。土地粗放区和土地密集型产业有义务通过提升生产技术来提高土地利用效率。

6.3 研究局限

本研究在评估中国虚拟土地利用方面仍然存在一定的局限性，这些局限性需要在今后的研究中进一步完善。

虽然该研究基于有限的耕地（1987—2015 年）和牧草地数据（2000—2015 年）以及投入产出数据（1987—2015 年），能够评估1987—2015 年间中国的虚拟耕地和 2000—2015 年间虚拟牧草地的利用情况，但是仍然需要基于更长的时间序列分析，对中国虚拟土地利用的变化模式进行更为充分的观察与刻画，形成更为完整的分析。

本研究采用的投入产出分析方法是虚拟土地核算的有力工具，但也存在一定的局限性。数据可得性和计算机性能的快速发展推动了该方法在环境领域的广泛应用。然而，到目前为止，这种方法仍然受到数据可得性的限制。因此，本研究做出了一个强假设，“尽管进口商品与国内商品有很大的差异，但由于 IO 经济数据的限制，进口商品/服务具有与国内商品相同的虚拟土地利用强度”（Weber，Peters 等 2008）。而未来的研究方法将得益于更全面的数据支持系统。

6.4　研究展望

探索中国虚拟土地占用是一项复杂的任务，因为它融合了系统生态、土地管理、土地经济的观点。尽管本研究试图对中国虚拟土地利用进行全面的概述，但还需要进一步深入的持续性研究。

第一，可以进一步扩大研究范围。本研究主要针对国家层面的虚拟土地进行时间序列分析。对更大或更小的尺度（即全球尺度和城市尺度）进行研究，同样具有意义。由于世界上国家和城市是不同的责任主体，多尺度研究可以为多层面的土地管理当局提供政策建议。

第二，中国虚拟土地的空间关联效应仍需进一步探究。本研究仅对虚拟土地进行了时间序列分析。然而，一个地区对另一个地区的累积效应是进一步挖掘中国虚拟土地格局变化的重要部分。

第三，各种土地利用类型之间的关系需要进一步研究。研究不同土地利用类型之间的关联，对可持续土地的利用规划和管理具有重要意义。例如，可重新思考城市化和全球化背景下的耕地流转与城市建设用地扩张之间的关系。

第四，进一步研究可以扩展到政策模拟，如利用拉动效应调整产业结构以实现土地可持续利用。本研究所建立的数据库可为政策仿真提供有效的数据支持。

附录一：1987—2015 年中国虚拟土地利用强度数据库①

由于数据的局限性，中国虚拟耕地利用强度数据库时间跨度为1987—2015 年，而虚拟牧草地利用强度数据库时间跨度为 2000—2015 年。

中国 1987 年 33 部门的虚拟耕地利用强度表（单位：公顷/百万元）

代码	行业	简称	强度	行业分类	强度
1	农业	农业	250. 16	第一产业	250. 16
2	煤炭采选业	煤炭采选业	8. 51	第二产业	35. 82
3	石油和天然气开采业	石油开采业	3. 11		
4	金属矿采选业	金属矿采选业	9. 01		
5	其他非金属矿采选业	非金属矿采选业	16. 96		
6	食品制造业	食品制造业	129		
7	纺织业	纺织业	72. 98		
8	缝纫及皮革制品业	服装业	59. 55		
9	木材加工及家具制造业	木材加工业	24. 48		
10	造纸及文教用品制造业	纸制品业	45. 34		
11	电力及蒸汽、热水生产和供应业	电力	4. 1		
12	石油加工业	石油加工业	2. 72		

① 本附录中表格根据笔者研究成果整理而成。

续表

代码	行业	简称	强度	行业分类	强度
13	炼焦、煤气及煤制品业	炼焦、煤气及煤制品业	8.86	第二产业	35.82
14	化学工业	化学工业	36.98		
15	建筑材料及其他非金属矿物制品业	非金属矿物制品业	12.92		
16	金属冶炼及压延加工业	金属冶炼及压延加工业	6.91		
17	金属制品业	金属制品业	11.23		
18	机械工业	机械工业	8.82		
19	交通运输设备制造业	运输设备	9.76		
20	电气机械及器材制造业	电子设备	12.24		
21	电子及通信设备制造业	电信设备	9.38		
22	仪器仪表及其他计量器具制造业	仪器仪表	8.1		
23	机械设备修理业	机械修理	9.66		
24	其他工业	其他工业	24.32		
25	建筑业	建筑业	10.8		
26	货运邮电业	货运邮电业	5.06	第三产业	15.81
27	商业	商业	12.49		
28	饮食业	饮食业	108.72		
29	旅客运输业	运输业	5.62		
30	公共事业及居民服务业	公共事业	9.26		
31	文教卫生科研事业	文教卫生科研事业	16.18		
32	金融保险业	金融保险业	0.72		
33	行政机关	行政机关	6.6		

中国1990年33部门的虚拟耕地利用强度表（单位：公顷/百万元）

代码	行业	简称	强度	行业分类	强度
1	农业	农业	159.19	第一产业	159.19
2	煤炭采选业	煤炭采选业	10.84	第二产业	27.71
3	石油和天然气开采业	石油开采业	4.48		
4	金属矿采选业	金属矿采选业	9.7		
5	其他非金属矿采选业	非金属矿采选业	19.52		
6	食品制造业	食品制造业	84.96		
7	纺织业	纺织业	55.06		
8	缝纫及皮革制品业	服装业	45.71		
9	木材加工及家具制造业	木材加工业	21.42		
10	造纸及文教用品制造业	纸制品业	36.44		
11	电力及蒸汽、热水生产和供应业	电力	5.98		
12	石油加工业	石油加工业	4.21		
13	炼焦、煤气及煤制品业	炼焦、煤气及煤制品业	9.04		
14	化学工业	化学工业	29.66		
15	建筑材料及其他非金属矿物制品业	非金属矿物制品业	12.68		
16	金属冶炼及压延加工业	金属冶炼及压延加工业	7.95		
17	金属制品业	金属制品业	11.76		
18	机械工业	机械工业	8.92		
19	交通运输设备制造业	运输设备	9.28		
20	电气机械及器材制造业	电子设备	11.25		
21	电子及通信设备制造业	电信设备	8.77		
22	仪器仪表及其他计量器具制造业	仪器仪表	8.67		
23	机械设备修理业	机械修理	9.74		
24	其他工业	其他工业	19.78		
25	建筑业	建筑业	9.94		

续表

代码	行业	简称	强度	行业分类	强度
26	货运邮电业	货运邮电业	5. 66		
27	商业	商业	10. 57		
28	饮食业	饮食业	70. 4		
29	旅客运输业	运输业	5. 45		
30	公共事业及居民服务业	公共事业	7. 86	第三产业	11. 29
31	文教卫生科研事业	文教卫生科研事业	12. 57		
32	金融保险业	金融保险业	0. 74		
33	行政机关	行政机关	5. 86		

中国 1992 年 33 部门的虚拟耕地利用强度表（单位：公顷/百万元）

代码	行业	简称	强度	行业分类	强度
1	农业	农业	126. 63	第一产业	126. 63
2	煤炭采选业	煤炭采选业	3. 79		
3	石油和天然气开采业	石油开采业	2. 02		
4	金属矿采选业	金属矿采选业	4. 73		
5	其他非金属矿采选业	非金属矿采选业	6. 43		
6	食品制造业	食品制造业	63. 41		
7	纺织业	纺织业	33. 19		
8	缝纫及皮革制品业	服装业	26. 11		
9	木材加工及家具制造业	木材加工业	12. 39	第二产业	15. 48
10	造纸及文教用品制造业	纸制品业	21. 05		
11	电力及蒸汽、热水生产和供应业	电力	2. 39		
12	石油加工业	石油加工业	2. 25		
13	炼焦、煤气及煤制品业	炼焦、煤气及煤制品业	3. 77		
14	化学工业	化学工业	14. 34		

续表

代码	行业	简称	强度	行业分类	强度
15	建筑材料及其他非金属矿物制品业	非金属矿物制品业	6.32	第二产业	15.48
16	金属冶炼及压延加工业	金属冶炼及压延加工业	3.3		
17	金属制品业	金属制品业	4.59		
18	机械工业	机械工业	3.89		
19	交通运输设备制造业	运输设备	4.27		
20	电气机械及器材制造业	电子设备	4.62		
21	电子及通信设备制造业	电信设备	4.37		
22	仪器仪表及其他计量器具制造业	仪器仪表	3.95		
23	机械设备修理业	机械修理	4.11		
24	其他工业	其他工业	16.57		
25	建筑业	建筑业	4.76		
26	货运邮电业	货运邮电业	2.68	第三产业	7.07
27	商业	商业	7.26		
28	饮食业	饮食业	42.56		
29	旅客运输业	运输业	2.52		
30	公共事业及居民服务业	公共事业	5.47		
31	文教卫生科研事业	文教卫生科研事业	5.83		
32	金融保险业	金融保险业	3.59		
33	行政机关	行政机关	3.69		

中国1995年33部门的虚拟耕地利用强度表（单位：公顷/百万元）

代码	行业	简称	强度	行业分类	强度
1	农业	农业	59.22	第一产业	59.22

续表

代码	行业	简称	强度	行业分类	强度
2	煤炭采选业	煤炭采选业	1.84	第二产业	7.75
3	石油和天然气开采业	石油开采业	1.19		
4	金属矿采选业	金属矿采选业	2.96		
5	其他非金属矿采选业	非金属矿采选业	3.77		
6	食品制造业	食品制造业	27.78		
7	纺织业	纺织业	17.14		
8	缝纫及皮革制品业	服装业	13.18		
9	木材加工及家具制造业	木材加工业	7.05		
10	造纸及文教用品制造业	纸制品业	11.3		
11	电力及蒸汽、热水生产和供应业	电力	1.23		
12	石油加工业	石油加工业	1.39		
13	炼焦、煤气及煤制品业	炼焦、煤气及煤制品业	2.25		
14	化学工业	化学工业	7.64		
15	建筑材料及其他非金属矿物制品业	非金属矿物制品业	3.48		
16	金属冶炼及压延加工业	金属冶炼及压延加工业	1.89		
17	金属制品业	金属制品业	2.66		
18	机械工业	机械工业	2.33		
19	交通运输设备制造业	运输设备	2.47		
20	电气机械及器材制造业	电子设备	2.48		
21	电子及通信设备制造业	电信设备	2.13		
22	仪器仪表及其他计量器具制造业	仪器仪表	2.1		
23	机械设备修理业	机械修理	2.29		
24	其他工业	其他工业	9.21		
25	建筑业	建筑业	2.63		

续表

代码	行业	简称	强度	行业分类	强度
26	货运邮电业	货运邮电业	1.34	第三产业	3.30
27	商业	商业	2.86		
28	饮食业	饮食业	20.29		
29	旅客运输业	运输业	1.26		
30	公共事业及居民服务业	公共事业	2.83		
31	文教卫生科研事业	文教卫生科研事业	3.25		
32	金融保险业	金融保险业	1.56		
33	行政机关	行政机关	2.22		

中国1997年40部门的虚拟耕地利用强度表（单位：公顷/百万元）

代码	行业	简称	强度	行业分类	强度
1	农业	农业	66.5	第一产业	66.5
2	煤炭采选业	煤炭采选业	2.48	第二产业	7.93
3	石油和天然气开采业	石油开采业	0.95		
4	金属矿采选业	金属矿采选业	2.32		
5	非金属矿采选业	非金属矿采选业	3.55		
6	食品制造及烟草加工业	食品加工业	33.65		
7	纺织业	纺织业	15.44		
8	服装皮革羽绒及其他纤维制品制造业	服装业	10.84		
9	木材加工及家具制造业	木材加工业	8.28		
10	造纸及文教用品制造业	纸制品	7.23		
11	石油加工及炼焦业	石油加工业	1.32		
12	化学工业	化学工业	7.81		
13	非金属矿物制品业	非金属矿物制品业	2.87		

续表

代码	行业	简称	强度	行业分类	强度
14	金属冶炼及压延加工业	金属冶炼及压延加工业	1.92	第二产业	7.93
15	金属制品业	金属制品业	2.27		
16	机械工业	机械工业	2.12		
17	交通运输设备制造业	运输设备	2.34		
18	电气机械及器材制造业	电子设备	3.07		
19	电子及通信设备制造业	电信设备	2.55		
20	仪器仪表及文化办公用机械制造业	仪器仪表	2.66		
21	机械设备修理业	机械修理	2.3		
22	其他制造业	其他制造业	9.91		
23	废品及废料	废品及废料	0		
24	电力及蒸汽、热水生产与供应业	电力	1.53		
25	煤气生产与供应业	煤气生产与供应业	1.95		
26	自来水的牛产与供应业	水生产与供应业	1.54		
27	建筑业	建筑业	2.57		
28	货物运输与仓储业	仓储业	1.66	第三产业	4.16
29	邮电业	邮电业	1.49		
30	商业	商业	3.53		
31	饮食业	饮食业	25.26		
32	旅客运输业	运输业	1.89		
33	金融保险业	金融保险业	1.46		
34	房地产业	房地产业	0.91		
35	社会服务业	社会服务业	4.34		
36	卫生体育和社会福利业	卫生	4.65		
37	教育文化艺术及广播电影电视业	教育	2.49		
38	科学研究事业	科学研究事业	2.85		
39	综合技术服务业	综合技术服务于	6.28		
40	行政机关及其他行业	行政机关	2.64		

中国 2000 年 17 部门的虚拟耕地、牧草地利用强度表（单位：公顷/百万元）

代码	行业	简称	强度		行业分类	强度	
			耕地	牧草地		耕地	牧草地
1	农业	农业	60.22	123.9	第一产业	60.22	123.9
2	采掘业	采掘业	1.46	3	第二产业	5.89	12.13
3	食品制造业	食品制造业	28.45	58.53			
4	纺织、缝纫及皮革产品制造业	服装业	11.35	23.36			
5	其他制造业	其他制造业	6.25	12.86			
6	电力及蒸汽、热水生产和供应业	电力	1.34	2.76			
7	炼焦、煤气及石油加工业	石油加工业	1.34	2.77			
8	化学工业	化学工业	5.94	12.22			
9	建筑材料及其他非金属矿物制品业	非金属矿物制品业	2.65	5.46			
10	金属产品制造业	金属产品制造业	1.91	3.94			
11	机械设备制造业	机械制造业	2.24	4.6			
12	建筑业	建筑业	2.27	4.68			
13	运输邮电业	运输邮电业	1.37	2.82	第三产业	3.57	7.35
14	商业饮食业	商业	7.27	14.96			
15	公用事业及居民服务业	公共事业	2.51	5.16			
16	金融保险业	金融保险业	0.69	1.42			
17	其他服务业	其他服务业	2.68	5.52			

中国 2002 年 42 部门的虚拟耕地、牧草地利用强度表（单位：公顷/百万元）

代码	行业	简称	强度		行业分类	强度	
			耕地	牧草地		耕地	牧草地
1	农林牧渔产品和服务	农业	54.66	114.39	第一产业	54.66	114.39
2	煤炭采选产品	煤炭采选	1.26	2.64	第二产业	4.85	10.16
3	石油和天然气开采产品	石油开采	0.53	1.11			
4	金属矿采选产品	金属矿采选	1.32	2.77			
5	非金属矿和其他矿采选产品	非金属矿采选	1.26	2.64			
6	食品和烟草	食品	21.87	45.77			
7	纺织品	纺织	12.23	25.59			
8	纺织服装鞋帽皮革羽绒及其制品	服装	8.55	17.9			
9	木材加工品和家具	木材加工	9.16	19.17			
10	造纸印刷和文教体育用品	纸制品	3.61	7.55			
11	石油、炼焦产品和核燃料加工品	石油加工	0.75	1.56			
12	化学产品	化学产品	3.91	8.19			
13	非金属矿物制品	非金属矿物制品	1.43	2.99			
14	金属冶炼和压延加工品	金属冶炼和压延	0.96	2.01			
15	金属制品	金属制品	1.3	2.72			
16	通用设备	通用设备	1.35	2.81			
17	专用设备	专用设备	1.25	2.62			
18	交通运输设备	运输设备	1.59	3.32			
19	电气机械和器材	电子设备	1.37	2.87			
20	通信设备、计算机和其他电子设备	电信设备	1.53	3.21			
21	仪器仪表	仪器仪表	7.77	16.27			
22	其他制造产品	其他制造产品	0	0			
23	废品废料	废品废料	0.76	1.59			

续表

代码	行业	简称	强度		行业分类	强度	
			耕地	牧草地		耕地	牧草地
24	金属制品、机械和设备修理服务	设备修理	1.99	4.15	第二产业	4.85	10.16
25	电力、热力的生产和供应	电力	0.86	1.79			
26	燃气生产和供应	燃气生产和供应	5.86	12.25			
27	水的生产和供应	水生产和供应	1.42	2.97			
28	建筑	建筑	1.74	3.64			
29	批发和零售	批发和零售	0.91	1.9	第三产业	2.66	5.56
30	交通运输、仓储和邮政	运输仓储	2.26	4.72			
31	住宿和餐饮	住宿和餐饮	13.39	28.03			
32	信息传输、软件和信息技术服务	信息传输	1	2.09			
33	金融	金融	0.74	1.55			
34	房地产	房地产	1.65	3.46			
35	租赁和商务服务	租赁	2.17	4.55			
36	科学研究和技术服务	科学研究	1.55	3.25			
37	水利、环境和公共设施管理	水利环境	1.68	3.52			
38	居民服务、修理和其他服务	居民服务	3.12	6.54			
39	教育	教育	1.9	3.98			
40	卫生和社会工作	卫生	2.01	4.2			
41	文化、体育和娱乐	文化	3.32	6.96			
42	公共管理、社会保障和社会组织	公共管理	2.19	4.58			

中国 2005 年 42 部门的虚拟耕地、牧草地利用强度表（单位：公顷/百万元）

代码	行业	简称	强度		行业分类	强度	
			耕地	牧草地		耕地	牧草地
1	农林牧渔产品和服务	农业	74.24	1.51	第一产业	74.24	1.51
2	煤炭采选产品	煤炭采选	2.64	1.21	第二产业	3.93	8.44
3	石油和天然气开采产品	石油开采	1.01	0.85			
4	金属矿采选产品	金属矿采选	2.56	1.34			
5	非金属矿和其他矿采选产品	非金属矿采选	2.87	1.41			
6	食品和烟草	食品	33.28	1.49			
7	纺织品	纺织	21.82	1.64			
8	纺织服装鞋帽皮革羽绒及其制品	服装	13.26	1.57			
9	木材加工品和家具	木材加工	14.37	1.57			
10	造纸印刷和文教体育用品	纸制品	7.09	1.5			
11	石油、炼焦产品和核燃料加工品	石油加工	1.45	1.27			
12	化学产品	化学产品	7.04	1.57			
13	非金属矿物制品	非金属矿物制品	2.75	1.44			
14	金属冶炼和压延加工品	金属冶炼和压延	1.81	1.52			
15	金属制品	金属制品	2.27	1.57			
16	通用设备	通用设备	2.47	1.56			
17	专用设备	专用设备	2.44	1.63			
18	交通运输设备	运输设备	2.9	1.62			
19	电气机械和器材	电子设备	2.71	1.84			
20	通信设备、计算机和其他电子设备	电信设备	2.94	1.66			
21	仪器仪表	仪器仪表	13.62	1.51			
22	其他制造产品	其他制造产品	0	0.44			

续表

代码	行业	简称	强度		行业分类	强度	
			耕地	牧草地		耕地	牧草地
23	废品废料	废品废料	1.93	1.34	第二产业	3.93	8.44
24	金属制品、机械和设备修理服务	设备修理	2.82	1.36			
25	电力、热力的生产和供应	电力	1.77	1.17			
26	燃气生产和供应	燃气生产和供应	9.43	1.51			
27	水的生产和供应	水生产和供应	2.83	1.72			
28	建筑	建筑	2.75	0.95			
29	批发和零售	批发和零售	1.94	0.97	第三产业	2.26	4.84
30	交通运输、仓储和邮政	运输仓储	2.45	0.58			
31	住宿和餐饮	住宿和餐饮	19.41	1.07			
32	信息传输、软件和信息技术服务	信息传输	1.87	0.63			
33	金融	金融	0.89	0.43			
34	房地产	房地产	3.48	1.26			
35	租赁和商务服务	租赁	3.31	1.14			
36	科学研究和技术服务	科学研究	4.71	1.03			
37	水利、环境和公共设施管理	水利环境	3.41	0.95			
38	居民服务、修理和其他服务	居民服务	5.53	0.92			
39	教育	教育	3.04	0.71			
40	卫生和社会工作	卫生	4.68	1.2			
41	文化、体育和娱乐	文化	5.74	0.95			
42	公共管理、社会保障和社会组织	公共管理	4.29	0.75			

中国 2007 年 42 部门的虚拟耕地、牧草地利用强度表（单位：公顷/百万元）

代码	行业	简称	强度		行业分类	强度	
			耕地	牧草地		耕地	牧草地
1	农林牧渔产品和服务	农业	60.22	66.79	第一产业	60.22	66.79
2	煤炭采选产品	煤炭采选	1.9	2.11	第二产业	5.51	6.11
3	石油和天然气开采产品	石油开采	1.07	1.19			
4	金属矿采选产品	金属矿采选	1.7	1.88			
5	非金属矿和其他矿采选产品	非金属矿采选	1.89	2.09			
6	食品和烟草	食品	29.21	32.39			
7	纺织品	纺织	16.26	18.03			
8	纺织服装鞋帽皮革羽绒及其制品	服装	12.05	13.36			
9	木材加工品和家具	木材加工	12.4	13.75			
10	造纸印刷和文教体育用品	纸制品	5.87	6.51			
11	石油、炼焦产品和核燃料加工品	石油加工	1.33	1.47			
12	化学产品	化学产品	5.01	5.55			
13	非金属矿物制品	非金属矿物制品	2.02	2.24			
14	金属冶炼和压延加工品	金属冶炼和压延	1.48	1.64			
15	金属制品	金属制品	1.96	2.18			
16	通用设备	通用设备	1.8	2			
17	专用设备	专用设备	2.16	2.39			
18	交通运输设备	运输设备	2.12	2.35			
19	电气机械和器材	电子设备	2.12	2.35			
20	通信设备、计算机和其他电子设备	电信设备	2.34	2.59			
21	仪器仪表	仪器仪表	10.62	11.78			
22	其他制造产品	其他制造产品	0.28	0.31			

续表

代码	行业	简称	强度		行业分类	强度	
			耕地	牧草地		耕地	牧草地
23	废品废料	废品废料	1.36	1.51	第二产业	5.51	6.11
24	金属制品、机械和设备修理服务	设备修理	1.37	1.52			
25	电力、热力的生产和供应	电力	1.49	1.66			
26	燃气生产和供应	燃气生产和供应	2.3	2.55			
27	水的生产和供应	水生产和供应	2.19	2.43			
28	建筑	建筑	1.41	1.56			
29	批发和零售	批发和零售	1.23	1.36	第三产业	3.36	3.72
30	交通运输、仓储和邮政	运输仓储	1.7	1.89			
31	住宿和餐饮	住宿和餐饮	16.61	18.42			
32	信息传输、软件和信息技术服务	信息传输	1.38	1.53			
33	金融	金融	0.68	0.75			
34	房地产	房地产	3.53	3.92			
35	租赁和商务服务	租赁	4.6	5.1			
36	科学研究和技术服务	科学研究	1.91	2.11			
37	水利、环境和公共设施管理	水利环境	4.72	5.23			
38	居民服务、修理和其他服务	居民服务	3.44	3.81			
39	教育	教育	2.51	2.78			
40	卫生和社会工作	卫生	3.56	3.95			
41	文化、体育和娱乐	文化	5.08	5.64			
42	公共管理、社会保障和社会组织	公共管理	2.77	3.07			

中国2010年41部门的虚拟耕地、牧草地利用强度表（单位：公顷/百万元）

代码	行业	简称	强度		行业分类	强度	
			耕地	牧草地		耕地	牧草地
1	农林牧渔业	农业	24.37	39.58	第一产业	24.37	39.58
2	煤炭开采和洗选业	煤炭开采业	0.88	1.43	第二产业	2.57	4.17
3	石油和天然气开采业	石油开采业	0.54	0.88			
4	金属矿采选业	金属矿采选业	0.85	1.39			
5	非金属矿及其他矿采选业	非金属矿采选业	1	1.62			
6	食品制造及烟草加工业	食品加工业	12.6	20.46			
7	纺织业	纺织业	7.22	11.73			
8	纺织服装鞋帽皮革羽绒及其制品业	服装业	5.41	8.79			
9	木材加工及家具制造业	木材加工业	5.29	8.6			
10	造纸印刷及文教体育用品制造业	纸制品	3.13	5.08			
11	石油加工、炼焦及核燃料加工业	石油加工业	0.61	0.99			
12	化学工业	化学工业	2.45	3.99			
13	非金属矿物制品业	非金属矿物制品业	1.13	1.84			
14	金属冶炼及压延加工业	金属冶炼及压延加工业	0.93	1.51			
15	金属制品业	金属制品业	1.1	1.79			
16	通用设备	通用设备	1.03	1.67			
17	专用设备	专用设备	1.12	1.82			
18	交通运输设备制造业	运输设备	1.17	1.9			
19	电气机械及器材制造业	电子设备	1.11	1.81			
20	通信设备、计算机及其他电子设备制造业	电信设备	1.16	1.89			

续表

代码	行业	简称	强度		行业分类	强度	
			耕地	牧草地		耕地	牧草地
21	仪器仪表及文化办公用机械制造业	仪器仪表	3.41	5.54			
22	废品废料	废品废料	0.71	1.15			
23	工艺品及其他制造业	工艺品制造	0.69	1.12			
24	电力、热力的生产和供应	电力	0.71	1.16	第二产业	2.57	4.17
25	燃气生产和供应业	燃气生产和供应业	1.16	1.88			
26	水的生产和供应业	水生产和供应业	1.39	2.26			
27	建筑业	建筑业	0.86	1.4			
28	批发和零售业	批发和零售业	0.74	1.21			
29	交通运输及仓储业	运输和储存	0.59	0.96			
30	住宿和餐饮业	住宿和餐饮服务	7.44	12.07			
31	信息传输、计算机服务和软件业	信息业	0.69	1.12			
32	金融业	金融业	0.47	0.76			
33	房地产业	房地产业	1.69	2.74			
34	租赁和商务服务业	租赁	2.43	3.95			
35	研究与试验发展	科学研究	1	1.63			
36	水利、环境和公共设施管理业	环境	1.78	2.89	第三产业	1.49	2.42
37	居民服务和其他服务业	居民服务	1.48	2.4			
38	教育	教育	0.69	1.11			
39	卫生、社会保障和社会福利业	卫生	1.65	2.69			
40	文化、体育和娱乐业	文化	1.94	3.16			
41	公共管理和社会组织	公共管理	1.03	1.67			

中国 2012 年 42 部门的虚拟耕地、牧草地利用强度表（单位：公顷/百万元）

代码	行业	简称	强度		行业分类	强度	
			耕地	牧草地		耕地	牧草地
1	农林牧渔产品和服务	农业	18.91	30.72	第一产业	18.91	30.72
2	煤炭采选产品	煤炭采选	0.46	0.74	第二产业	1.89	3.34
3	石油和天然气开采产品	石油开采	0.31	0.5			
4	金属矿采选产品	金属矿采选	0.54	0.88			
5	非金属矿和其他矿采选产品	非金属矿采选	0.56	0.91			
6	食品和烟草	食品	9.1	14.78			
7	纺织品	纺织	6.23	10.12			
8	纺织服装鞋帽皮革羽绒及其制品	服装	3.92	6.36			
9	木材加工品和家具	木材加工	4.01	6.51			
10	造纸印刷和文教体育用品	纸制品	2.21	3.6			
11	石油、炼焦产品和核燃料加工品	石油加工	0.4	0.65			
12	化学产品	化学产品	2.09	3.4			
13	非金属矿物制品	非金属矿物制品	0.72	1.16			
14	金属冶炼和压延加工品	金属冶炼和压延	0.49	0.8			
15	金属制品	金属制品	0.66	1.07			
16	通用设备	通用设备	0.66	1.06			
17	专用设备	专用设备	0.69	1.12			
18	交通运输设备	运输设备	0.7	1.14			
19	电气机械和器材	电子设备	0.75	1.22			
20	通信设备、计算机和其他电子设备	电信设备	0.72	1.16			
21	仪器仪表	仪器仪表	0.7	1.14			
22	其他制造产品	其他制造产品	2.58	4.19			

续表

代码	行业	简称	强度		行业分类	强度	
			耕地	牧草地		耕地	牧草地
23	废品废料	废品废料	0.27	0.44	第二产业	1.89	3.34
24	金属制品、机械和设备修理服务	设备修理	0.64	1.05			
25	电力、热力的生产和供应	电力	0.4	0.66			
26	燃气生产和供应	燃气生产和供应	0.36	0.58			
27	水的生产和供应	水的生产和供应	0.65	1.06			
28	建筑	建筑	0.83	1.34			
29	批发和零售	批发和零售	0.29	0.47	第三产业	0.91	1.44
30	交通运输、仓储和邮政	运输仓储	0.83	1.35			
31	住宿和餐饮	住宿和餐饮	5.04	8.19			
32	信息传输、软件和信息技术服务	信息传输	0.55	0.89			
33	金融	金融	0.53	0.86			
34	房地产	房地产	0.24	0.39			
35	租赁和商务服务	租赁	1.1	1.79			
36	科学研究和技术服务	科学研究	0.95	1.54			
37	水利、环境和公共设施管理	水利环境	2	3.25			
38	居民服务、修理和其他服务	居民服务	0.84	1.36			
39	教育	教育	0.61	0.99			
40	卫生和社会工作	卫生	1.21	1.96			
41	文化、体育和娱乐	文化	1.39	2.27			
42	公共管理、社会保障和社会组织	公共管理	0.76	1.23			

中国 2015 年 42 部门的虚拟耕地、牧草地利用强度表（单位：公顷/百万元）

代码	行业	简称	强度		行业分类	强度	
			耕地	牧草地		耕地	牧草地
1	农林牧渔产品和服务	农业	15.95	25.93	第一产业	16	25.93
2	煤炭采选产品	煤炭采选	0.74	1.2	第二产业	2.01	3.00
3	石油和天然气开采产品	石油开采	0.41	0.67			
4	金属矿采选产品	金属矿采选	0.84	1.36			
5	非金属矿和其他矿采选产品	非金属矿采选	0.82	1.33			
6	食品和烟草	食品	8.15	13.24			
7	纺织品	纺织	6.24	10.15			
8	纺织服装鞋帽皮革羽绒及其制品	服装	3.68	5.98			
9	木材加工品和家具	木材加工	3.47	5.64			
10	造纸印刷和文教体育用品	纸制品	2.38	3.86			
11	石油、炼焦产品和核燃料加工品	石油加工	0.63	1.02			
12	化学产品	化学产品	2.39	3.88			
13	非金属矿物制品	非金属矿物制品	0.99	1.61			
14	金属冶炼和压延加工品	金属冶炼和压延	0.77	1.25			
15	金属制品	金属制品	0.88	1.42			
16	通用设备	通用设备	0.81	1.31			
17	专用设备	专用设备	0.82	1.33			
18	交通运输设备	运输设备	0.81	1.32			
19	电气机械和器材	电子设备	0.89	1.44			
20	通信设备、计算机和其他电子设备	电信设备	0.77	1.25			
21	仪器仪表	仪器仪表	0.78	1.27			

续表

代码	行业	简称	强度		行业分类	强度	
			耕地	牧草地		耕地	牧草地
22	其他制造产品	其他制造产品	2.79	4.53	第二产业	2.01	3.00
23	废品废料	废品废料	1.28	2.08			
24	金属制品、机械和设备修理服务	设备修理	0.66	1.08			
25	电力、热力的生产和供应	电力	0.54	0.88			
26	燃气生产和供应	燃气生产和供应	0.56	0.91			
27	水的生产和供应	水生产和供应	0.88	1.43			
28	建筑	建筑	1.01	1.64			
29	批发和零售	批发和零售	0.37	0.6	第三产业	0.89	1.00
30	交通运输、仓储和邮政	运输仓储	0.81	1.31			
31	住宿和餐饮	住宿和餐饮	4.71	7.66			
32	信息传输、软件和信息技术服务	信息传输	0.54	0.87			
33	金融	金融	0.45	0.73			
34	房地产	房地产	0.28	0.45			
35	租赁和商务服务	租赁	1.26	2.05			
36	科学研究和技术服务	科学研究	0.94	1.53			
37	水利、环境和公共设施管理	水利环境	1.95	3.17			
38	居民服务、修理和其他服务	居民服务	0.84	1.36			
39	教育	教育	0.54	0.87			
40	卫生和社会工作	卫生	1.32	2.14			
41	文化、体育和娱乐	文化	1.46	2.37			
42	公共管理、社会保障和社会组织	公共管理	0.74	1.21			

附录二：郭珊近年来发表的代表性论文

一、第一或通讯作者

1. **Guo, S.**, Li, Y., Hu, Y., Xue, F., Chen, B., Chen, Z.-M., 2020. Embodied energy in service industry in global cities: A study of six Asian cities. *Land Use Policy* 91: 104264. (SSCI, IF = **3.194**)

2. **Guo, S.**, He, P., Bayaraa, M., Li, J. S., 2020. Greenhouse gas emissions embodied in the Mongolian economy and their driving forces. *Science of The Total Environment* 714: 136378. (SCI, EI, IF = **5.589**)

3. **Guo, S.**, Wang, Y., Shen, G. Q. P., Zhang, B., Wang, H., 2020. Virtual built-up land transfers embodied in China's interregional trade. *Land Use Policy*. In Press. (SSCI, IF = **3.194**)

4. **Guo, S.**, Zheng, S., Hu, Y., Hong, J., Wu, X., Tang, M., 2019. Embodied energy use in the global construction industry. *Applied Energy* 256: 113838. (SCI, EI, IF = **5.613**)

5. **Guo, S.**, Jiang, L., Shen G. Q. P., 2018. Embodied pasture land use change in China 2000-2015: From the perspective of globalization.

Land Use Policy 82：476－485.（SSCI，IF＝**3.194**）

6. **Guo，S.**，Shen，G. Q. P.，Peng，Y.，2016. Embodied agricultural water use in China from 1997 to 2010. *Journal of Cleaner Production* 112，(4)：3176－3184.（SSCI，SCI，EI，IF＝**4.167**）

7. **Guo，S.**，Shen，G. Q. P.，Yang J.，Sun B. X.，Xue F.，2016. Embodied energy of service trading in Hong Kong. *Smart and Sustainable Built Environment* 4（2）：234－248.

8. **Guo，S.**，Shen，G. Q. P.，Chen，Z. M.，Yu，R.，2016. Embodied cultivated land use in China 1987－2009. *Ecological Indicators* 47，198－209.（SSCI，SCI，EI，IF＝**3.444**）

9. **Guo，S.**，Shen，G. Q. P.，2015. Multiregional Input-Output Model for China's Farm Land and Water Use. *Environmental Science & Technology* 49（1）：403－414.（SSCI，SCI，EI，IF＝**5.481**）

10. Zhang L，**Guo，S.***，Wu Z，et al.，2018. SWOT Analysis for the Promotion of Energy Efficiency in Rural Buildings：A Case Study of China. *Energies* 11（4）：851.（SSCI，SCI，EI，IF＝**3.045**）

11. Hong，J. K.，Shen，G. Q. P.，**Guo，S.***，Xue，F.，Zheng W.，2015. Energy use embodied in China? s construction industry：A multi-regional input-output analysis. *Renewable and Sustainable Energy Reviews* 53：1303－1312.（SCI，EI，IF＝**5.901**）

12. **Guo，S.**，Chen，G. Q.，2013. Multi-scale Input-output Analysis for Multiple Responsibility Entities：Carbon Emission by Urban Economy in Beijing 2007. *Journal of Environmental Accounting and Management* 1，43－54.

13. **Guo，S.**，Liu，J. B.，Shao，L.，Li，J. S.，An，Y. R.，2012. Energy-Dominated Local Carbon Emissions in Beijing 2007：Inventory and Input-Output Analysis. Scientific World Journal doi. org/10.1100/2012/

923183. （SSCI, SCI, EI, IF = **1.219**）

14. **<u>Guo, S.</u>**, Shao, L., Chen, H., Li, Z., Liu, J. B., Xu, F. X., Li, J. S., Han, M. Y., Meng, J., Chen, Z. M., Li, S. C., 2012. Inventory and input-output analysis of CO_2 emissions by fossil fuel consumption in Beijing 2007. *Ecological Informatics* 12, 93 – 100. (SSCI, SCI, EI, IF = **1.980**)

15. Chen, G. Q., **<u>Guo, S.*</u>**, Shao, L., Li, J. S., Chen, Z. M., 2013. Three-scale input-output modeling for urban economy: Carbon emission by Beijing 2007. *Communications in Nonlinear Science and Numerical Simulation* 18, 2493 – 2506. (SSCI, SCI, EI, IF = **2.569**)

16. Yang, Q., **<u>Guo, S.*</u>**, Yuan, W. H., Chen, Y. Q., Wang, X. H., Wu, T. H., Alsaedi, A., Hayat, T., 2013. Energy-dominated carbon metabolism: A case study of Hubei province, China. *Ecological Informatics* 26, Part 1, 85 – 92. （SSCI, SCI, EI, IF = **1.980**）

二、其他作者

1. Hong J, Zhong X, **<u>Guo S,</u>** Liu G, Shen GQ, Yu T. 2019. Water-energy nexus and its efficiency in China's construction industry: Evidence from province-level data. *Sustainable Cities and Society*. 48: 101557. （SCI, EI, IF = **3.160**）

2. Meng, J., Liu, J., **<u>Guo, S.,</u>** Huang, Y., Tao, S., 2015. The impact of domestic and foreign trade on energy-related PM emissions in Beijing. Applied Energy. In Press. （SCI, EI, IF = **5.613**）

3. Meng, J., Liu, J., **<u>Guo, S.,</u>** Li, J. S., Li, Z., Tao, S., 2015. Trend and driving forces of Beijing's black carbon emissions from sectoral perspectives. *Journal of Cleaner Production*. 112 (2), 1272 – 1281.

(SCI, EI, IF = **4.167**)

4. Han, M., **Guo, S.**, Chen, H., Ji, X., Li, J., 2014. Local-scale systems input-output analysis of embodied water for the Beijing economy in 2007. *Front. Earth Sci.* 8, 414-426. (SSCI, SCI, EI, IF = **0.516**)

5. Han, M. Y., Shao, L., Li, J. S., **Guo, S.**, Meng, J., B. Ahmad, T. Hayat et al. Emergy-based hybrid evaluation for commercial construction engineering: a case study in BDA. *Ecological Indicators* 47 (2014): 179-188. (SCI, EI, IF = **3.444**)

6. Shao, L., Chen, G. Q., Chen, Z. M., **Guo, S.**, Han, M. Y., Zhang, B., Hayat, T., Alsaedi, A., Ahmad, B., 2014. Systems accounting for energy consumption and carbon emission by building. *Communications in Nonlinear Science and Numerical Simulation* 19, 1859-1873. (SSCI, SCI, EI, IF = **2.569**)

7. Meng, J., Li, Z., Li, J., Shao, L., Han, M., **Guo, S.**, 2013. Embodied exergy-based assessment of energy and resource consumption of buildings. *Front. Earth Sci.*, 1-13. (SCI, EI, IF = **0.516**)

8. Han, M. Y., Chen, G. Q., Shao, L., Li, J. S., Alsaedi, A., Ahmad, B., **Guo, S.**, Jiang, M. M., Ji, X., 2013. Embodied energy consumption of building construction engineering: Case study in E-town, Beijing. *Energy and Buildings* 64, 62-72. (SCI, EI, IF = **2.465**)

9. Li, J. S., Duan, N., **Guo, S.**, Shao, L., Lin, C., Wang, J. H., Hou, J., Hou, Y., Meng, J., Han, M. Y., 2012. Renewable resource for agricultural ecosystem in China: Ecological benefit for biogas by-product for planting. *Ecological Informatics* 12, 101-110. (SSCI, SCI, EI, IF = **1.980**)

10. Gao, R. Y., Shao, L., Li, J. S., **Guo, S.**, Han, M. Y., Meng, J., Liu, J. B., Xu, F. X., Lin, C., 2012. Comparison of green-

house gas emission accounting for a constructed wetland wastewater treatment system. *Ecological Informatics* 12, 85 – 92. (SSCI, SCI, EI, IF = **1.980**)

11. Chen, G. Q., Chen, H., Chen, Z. M., Zhang, B., Shao, L., **Guo, S.**, Zhou, S. Y., Jiang, M. M., 2011. Low-carbon building assessment and multi – scale input – output analysis. *Communications in Nonlinear Science and Numerical Simulation* 16, 583 – 595. (SSCI, SCI, EI, IF = **2.569**)

12. Liu, L., Fu, L., Jiang, Y., **Guo, S.**, 2011. Major issues and solutions in the heat-metering reform in China. *Renewable and Sustainable Energy Reviews* 15, 673 – 680. (SCI, EI, IF = **5.510**)

13. Liu, L., Fu, L., Jiang, Y., **Guo, S.**, 2010. Maintaining uniform hydraulic conditions with intelligent on-off regulation. *Building and Environment* 45, 2817 – 2822. (SCI, EI, IF = **2.700**)

14. 邵玲，**郭珊**，韩梦瑶，2011. 建筑能耗与碳排放的系统计量. 世界环境.

参考文献

AMarm, K. (2011). "Globalization, land use, and the invasion of West Nile virus." *Science* **334** (6054): 323.

Akiyama, T. and K. Kawamura (2007). "Grassland degradation inChina: methods of monitoring, management and restoration." *Grassland Science* **53** (1): 1-17.

Bai, Y., X. Han, J. Wu, Z. Chen and L. Li (2004). "Ecosystem stability and compensatory effects in the Inner Mongolia grassland." *Nature* **431** (7005): 181-184.

Bicknell, K. B., R. J. Ball, R. Cullen and H. R. Bigsby (1998). "New methodology for the ecological footprint with an application to the New Zealand economy." *Ecological* **7** (2): 149-160.

Bosire, C. K., J. O. Ogutu, M. Y. Said, M. S. Krol, J. D. Leeuw and A. Y. Hoekstra (2015). "Trends and spatial variation in water and land footprints of meat and milk production systems in Kenya." *Agriculture Ecosystems & Environment* **205**: 36-47.

Buyanovsky, G. and G. Wagner (1998a). "Changing role of cultivated land in the global carbon cycle." *Biology and Fertility of Soils* **27** (3): 242-245.

Buyanovsky, G. A. and G. H. Wagner (1998b). "Carbon cycling in cultivated land and its global significance." *Global Change Biology* **4** (2):

131 – 141.

Cadarso, M. – Á. , L. – A. López, N. Gómez and M. – Á. Tobarra (2012) . "International trade and shared environmental responsibility by sector. An application to the Spanish economy. " *Ecological Economics* **83**: 221 – 235.

Campbell, J. E. , D. B. Lobell, R. C. Genova and C. B. Field (2008) . "The global potential of bioenergy on abandoned agriculture lands. " *Environmental Science & Technology* **42** (15): 5791 – 5794.

Cao, S. H. and G. D. Xie (2007) . "Applying input – output analysis for calculation of ecological footprint of China. " *Acta Ecologica Sinica* (4): 1499 – 1507 (in) .

Chen, B. and G. Chen (2007) . "Modified ecological footprint accounting and analysis based on embodiedexergy—a case study of the Chinese society 1981 – 2001. " *Ecological* **61** (2): 355 – 376.

Chen, G. and Z. Chen (2011) . "Greenhouse gas emissions and natural resources use by the world economy: ecological input – output modeling. " *Ecological Modelling* **222** (14): 2362 – 2376.

Chen, G. , S. Guo, L. Shao, J. Li and Z. – M. Chen (2013) . "Three – scale input – output modeling for urban economy: carbon emission by Beijing 2007. " *Communications in Nonlinear Science and Numerical Simulation* **18** (9): 2493 – 2506.

Chen, G. and M. Han (2015) . "Virtual land use change in China 2002 – 2010: internal transition and trade imbalance. " *Land Use Policy* **47**: 55 – 65.

Chen, G. Q. and B. Zhang (2010) . "Greenhouse gas emissions in China 2007: inventory and input – output analysis. " *Energy Policy* **38** (10): 6180 – 6193.

Chen, J. – f. , S. – q. Wei, K. – t. Chang and B. – w. Tsai (2007).

"A comparative case study of cultivated land changes in Fujian and Taiwan." *Land Use Policy* **24** (2): 386 – 395.

Chen, R., C. Ye, Y. Cai, X. Xing and Q. Chen (2014). "The impact of rural out – migration on land use transition in China: Past, present and trend." *Land Use Policy* **40**: 101 – 110.

Chen, Z. and G. Chen (2011b). "Embodied carbon dioxide emission at supra – national scale: a coalition analysis for G7, BRIC, and the rest of the world." *Energy Policy* **39** (5): 2899 – 2909.

Chen, Z. and G. Chen (2013). "Virtual water accounting for the-globalized world economy: national water footprint and international virtual water trade." *Ecological Indicators* **28**: 142 – 149.

Chen, Z., G. Chen, J. Zhou, M. Jiang and B. Chen (2010). "Ecological input – output modeling for embodied resources and emissions in Chinese economy 2005." *Communications in Nonlinear Science and Numerical Simulation* **15** (7): 1942 – 1965.

Conant, R. T., K. Paustian and E. T. Elliott (2001). "Grassland management and conversion into grassland: effects on soil carbon." *Ecological* **11** (2): 343 – 355.

Costanza, R. (1980). "Embodied energy and economic valuation." *Science* **210** (4475): 1219 – 1224.

Cui, S. and R. Kattumuri (2011). "Cultivated land conversion in China and the potential for food security and sustainability." *Asia research center working paper* 35, *http://www.lse.ac.uk/asiaResearchCentre/_files/ARCWP*35 – *CuiKattumuri.pdf*.

Dale, V. H. (1997). "The relationship between land-use change and climate change." *Ecological* **7** (3): 753 – 769.

Dang, L., Y. Xu and Q. Tang (2015). "The pattern of available construction land along the Xijiang River in Guangxi, China." *Land Use Pol-*

icy **42**: 102 – 112.

DeGroot, R. (2006). "Function – analysis and valuation as a tool to assess land use conflicts in planning for sustainable, multi – functional landscapes." *Landscape and Urban Planning* **75** (3): 175 – 186.

DeFries, R., A. Hansen, B. Turner, R. Reid and J. Liu (2007). "Land use change around protected areas: management to balance human needs and ecological function." *Ecological Applications* **17** (4): 1031 – 1038.

DeFries, R. S., J. A. Foley and G. P. Asner (2004). "Land-use choices: Balancing human needs and ecosystem function." *Frontiers in Ecology and the Environment* **2** (5): 249 – 257.

Delgado, C. L. (2003). "Rising consumption of meat and milk in developing countries has created a new food revolution." *The Journal of* **133** (11): 3907S – 3910S.

Deng, X., J. Huang, S. Rozelle and E. Uchida (2006). "Cultivated land conversion and potential agricultural productivity in China." *Land Use Policy* **23** (4): 372 – 384.

Don, A., B. Osborne, A. Hastings, U. Skiba, M. S. Carter, J. Drewer, H. Flessa, A. Freibauer, N. Hyvönen and M. B. Jones (2012). "Land-use change to bioenergy production in Europe: implications for the greenhouse gas balance and soil carbon." *Gcb Bioenergy* **4** (4): 372 – 391.

Dramstad, W., J. D. Olson and R. T. Forman (1996). *Landscape ecology principles in landscape architecture and land – use planning*, Island press.

Fader, M., D. Gerten, M. Krause, W. Lucht and W. Cramer (2013). "Spatial decoupling of agricultural production and consumption: quantifying dependences of countries on food imports due to domestic land and water constraints." *Environmental Research Letters* **8** (1): 1880 – 1885.

Fan, Z. –M., et al. (2013). "Land – cover changes of biome transition zones in Loess Plateau of China." *Ecological Modelling* **252**: 129 – 140.

Fang, D. and B. Chen (2017). "Linkage analysis for the water – energy nexus of city." *Applied Energy* **189**: 770 – 779.

Feng, L., H. X. Bao and Y. Jiang (2014). "Land reallocation reform in rural China: A behavioral economics perspective." *Land Use Policy* **41**: 246 – 259.

Ferng, J. –J. (2001). "Using composition of land multiplier to estimate ecological footprints associated with production activity." *Ecological Economics* **37** (2): 159 – 172.

Fischer, G., S. Prieler, H. van Velthuizen, G. Berndes, A. Faaij, M. Londo and M. de Wit (2010). "Biofuel production potentials in Europe: Sustainable use of cultivated land and pastures, Part II: Land use scenarios." *Biomass and Bioenergy* **34** (2): 173 – 187.

Foster, D., F. Swanson, J. Aber, I. Burke, N. Brokaw, D. Tilman and A. Knapp (2003). "The importance of land – use legacies to ecology and conservation." *AIBS Bulletin* **53** (1): 77 – 88.

Fourcroy, C., F. Gallouj and F. Decellas (2012). "Energy consumption in service industries: Challenging the myth of non – materiality." *Ecological Economics* **81** (5): 155 – 164.

Ge, J. P. and Y. L. Lei (2014). "Carbon emissions from the service sector: an input – output application to Beijing, China." *Climate Research* **60** (1): 13 – 24.

Gibbs, H. K., A. S. Ruesch, F. Achard, M. K. Clayton, P. Holmgren, N. Ramankutty and J. A. Foley (2010). "Tropical forests were the primary sources of new agricultural land in the 1980s and 1990s." *Proceedings of the National Academy of Sciences* **107** (38): 16732 – 16737.

Grassini, P., K. M. Eskridge and K. G. Cassman (2013). "Distinguishing between yield advances and yield plateaus in historical crop production trends." *Nat Commun* **4**.

Guan, D., K. Hubacek, C. L. Weber, G. P. Peters and D. M. Reiner (2008). "The drivers of Chinese CO_2 emissions from 1980 to 2030." *Global Environmental Change* **18** (4): 626 – 634.

Guanghui, J., W. Xinpan, Y. Wenju and Z. Ruijuan (2015). "A new system will lead to an optimal path of land consolidation spatial management in China." *Land Use Policy* **42**: 27 – 37.

Guo, S. and G. Chen (2013). "Multi – scale input – output analysis for multiple responsibility entities: carbon emission by urban economy in Beijing 2007." *Journal of Environmental Accounting and Management* **1** (1): 43 – 54.

Guo, S., L. Shao, H. Chen, Z. Li, J. Liu, F. Xu, J. Li, M. Han, J. Meng and Z. – M. Chen (2012). "Inventory and input – output analysis of CO_2 emissions by fossil fuel consumption in Beijing 2007." *Ecological Informatics* **12**: 93 – 100.

Guo, S. and G. Q. Shen (2014). "Multiregional input – output model for China's farm land and water use." *Environmental Science & Technology* **49** (1): 403 – 414.

Guo, S., G. Q. Shen, Z. – M. Chen and R. Yu (2014). "Embodied cultivated land use in China 1987 – 2007." *Ecological Indicators* **47**: 198 – 209.

Han, M., S. Guo, H. Chen, X. Ji and J. Li (2014). "Local – scale systems input – output analysis of embodied water for the Beijing economy in 2007." *Frontiers of Earth Science* **8** (3): 414.

Islam, K. R. and R. Weil (2000). "Land use effects on soil quality in a tropical forest ecosystem ofBangladesh." *Agriculture, Ecosystems & Environment* **79** (1): 9 – 16.

Jiang, L., X. Deng and K. C. Seto (2013). "The impact of urban expansion on agricultural land use intensity in China." *Land Use Policy* **35** (0): 33 – 39.

Johansson, D. J. and C. Azar (2007). "A scenario based analysis of land competition between food and bioenergy production in the US." *Climatic Change* **82** (3): 267 – 291.

Kalnay, E. and M. Cai (2003). "Impact of urbanization and land – use change on climate." *Nature* **423** (6939): 528 – 531.

Kang, L., X. Han, Z. Zhang and O. J. Sun (2007). "Grassland ecosystems in China: review of current knowledge and research advancement." *Philosophical Transactions of the Royal Society of London B: Biological Sciences* **362** (1482): 997 – 1008.

Kastner, T., M. J. I. Rivas, W. Koch and S. Nonhebel (2012). "Global changes in diets and the consequences for land requirements for food." *Proceedings of the National Academy of Sciences* **109** (18): 6868 – 6872.

Lambin, E. F. and P. Meyfroidt (2011). "Global land use change, economic globalization, and the looming land scarcity." *Proceedings of the National Academy of Sciences* **108** (9): 3465 – 3472.

Lenzen, M. and S. A. Murray (2001). "A modified ecological footprint method and its application to Australia." *Ecological* **37** (2): 229 – 255.

Li, X. and X. Wang (2003). "Changes in agricultural land use inChina: 1981 – 2000." *Asian Geographer* **22** (1 – 2): 27 – 42.

Liang, S., S. Qu, Z. Zhu, D. Guan and M. Xu (2016). "Income-Based Greenhouse Gas Emissions of Nations." *Environmental Science & Technology* **51** (1): 346.

Liu, J., M. Liu, H. Tian, D. Zhuang, Z. Zhang, W. Zhang, X. Tang and X. Deng (2005). "Spatial and temporal patterns of China's cropland during 1990 – 2000: an analysis based on Landsat TM data." *Remote*

Sensing of Environment **98** (4): 442 - 456.

Liu, Y., F. Fang and Y. Li (2014). "Key issues of land use inChina and implications for policy making." *Land Use Policy* **40**: 6 - 12.

Liu, Y., X. Huang, H. Yang and T. Zhong (2014). "Environmental effects of land - use/cover change caused by urbanization and policies in Southwest China Karst area - A case study of Guiyang." *Habitat International* **44**: 339 - 348.

Liu, Y., R. Yang, H. Long, J. Gao and J. Wang (2014). "Implications of land - use change in rural China: A case study of Yucheng, Shandong province." *Land Use Policy* **40**: 111 - 118.

Mancini, M. S., A. Galli, V. Niccolucci, D. Lin, S. Bastianoni, M. Wackernagel and N. Marchettini (2015). "Ecological Footprint: Refining the carbon Footprint calculation." *Ecological Indicators* **61**: 390 - 403.

Miyake, S., M. Renouf, A. Peterson, C. McAlpine and C. Smith (2012). "Land - use and environmental pressures resulting from current and future bioenergy crop expansion: A review." *Journal of Rural Studies* **28** (4): 650 - 658.

Ni, J. (2002). "Carbon storage in grasslands of China." *Journal of Arid Environments* **50** (2): 205 - 218.

O' Brien, M., H. Schütz and S. Bringezu (2015). "The land footprint of the EU bioeconomy: Monitoring tools, gaps and needs." *Land Use Policy* **47** (1): 235 - 246.

Odum, H. (2000). "Folio# 2, Emergy of Global Processes. Handbook of Emergy Evaluation." *Center for Environmental Policy*, *Environmental Engineering Sciences*, University of Florida, Gainesville **30**.

Odum, H. T. (1983). Systems Ecology; an introduction. New York, Wiley.

Olesen, J. E. and M. Bindi (2002). "Consequences of climate

change for European agricultural productivity, land use and policy." *European journal of agronomy* **16** (4): 239 – 262.

Peters, G. P. (2008). "From production – based to consumption – based national emission inventories." *Ecological* **65** (1): 13 – 23.

Pielke, R. A. (2005). "Land use and climate change." *Science* **310** (5754): 1625 – 1626.

Pielke, R. A., G. Marland, R. A. Betts, T. N. Chase, J. L. Eastman, J. O. Niles and S. W. Running (2002). "The influence of land-use change and landscape dynamics on the climate system: relevance to climate-change policy beyond the radiative effect of greenhouse gases." *Philosophical Transactions of the Royal Society of London A: Mathematical, Physical and Engineering Sciences* **360** (1797): 1705 – 1719.

Pingali, P. (2007). "Westernization of Asian diets and the transformation of food systems: Implications for research and policy." *Food Policy* **32** (3): 281 – 298.

Popkin, B. M. (1999). "Urbanization, lifestyle changes and the nutrition transition." *World* **27** (11): 1905 – 1916.

Popkin, B. M. and S. Du (2003). "Dynamics of the nutrition transition toward the animal foods sector in China and its implications: a worried perspective." *The Journal of* **133** (11): 3898S – 3906S.

Qiang, W., A. Liu, S. Cheng, T. Kastner and G. Xie (2013). "Agricultural trade and virtual land use: The case of China's crop trade." *Land Use Policy* **33**: 141 – 150.

Rees, W. E. (1992). "Ecological footprints and appropriated carrying capacity: what urban economics leaves out." *Environment and Urbanization* **4** (2): 121 – 130.

Rees, W. E. (1996). "Revisiting carrying capacity: area – based indicators of sustainability." *Population & Environment* **17** (3): 195 – 215.

Ren, J. Z., Z. Z. Hu, J. Zhao, D. G. Zhang, F. J. Hou, H. L. Lin and X. Mu (2008). "A grassland classification system and its application in China." *The Rangeland Journal* **30** (2): 199-209.

Ridoutt, B. G., G. Page, K. Opie, H. Jing and W. Bellotti (2014). "Carbon, water and land use footprints of beef cattle production systems in southern Australia." *Journal of Cleaner Production* **73** (12): 24-30.

Röös, E., M. Patel, J. Spångberg, G. Carlsson and L. Rydhmer (2016). "Limiting livestock production to pasture and by-products in a search for sustainable diets." *Food Policy* **58**: 1-13.

Rulli, M. C., et al. (2013). "Global land and water grabbing." *Proceedings of the National Academy of Sciences* **110** (3): 892-897.

Satterthwaite, D., G. McGranahan and C. Tacoli (2010). "Urbanization and its implications for food and farming." *Philosophical Transactions of the Royal Society of London B: Biological Sciences* **365** (1554): 2809-2820.

Seto, K. C. and N. Ramankutty (2016). "Hidden linkages between urbanization and food systems." *Science* **352** (6288): 943-945.

Song, W. (2014). "Decoupling cultivated land loss by construction occupation from economic growth in Beijing." *Habitat International* **43**: 198-205.

Song, W. and B. C. Pijanowski (2014). "The effects of China's cultivated land balance program on potential land productivity at a national scale." *Applied Geography* **46**: 158-170.

Stern, N. H. (2007). *The Economics of Climate Change: the Stern Review*, University.

Su, B. and B. Ang (2010). "Input-output analysis of CO_2 emissions embodied in trade: the effects of spatial aggregation." *Ecological Eco-*

nomics **70** (1): 10 – 18.

Su, B. and B. Ang (2011). "Multi – region input – output analysis of CO_2 emissions embodied in trade: the feedback effects." *Ecological Economics* **71**: 42 – 53.

Su, B. and B. Ang (2014). "Input – output analysis of CO_2 emissions embodied in trade: a multi – region model for China." *Applied Energy* **114**: 377 – 384.

Su, B., B. Ang and M. Low (2013). "Input – output analysis of CO_2 emissions embodied in trade and the driving forces: processing and normal exports." *Ecological Economics* **88**: 119 – 125.

Su, B. and B. W. Ang (2013). "Input – output analysis of CO_2 emissions embodied in trade: competitive versus non – competitive imports." *Energy Policy* **56**: 83 – 87.

Su, B., H. Huang, B. Ang and P. Zhou (2010). "Input – output analysis of CO_2 emissions embodied in trade: the effects of sector aggregation." *Energy Economics* **32** (1): 166 – 175.

Su, B., H. C. Huang, B. W. Ang and P. Zhou (2010). "Input – output analysis of CO_2 emissions embodied in trade: The effects of sector aggregation." *Energy Economics* **32** (1): 166 – 175.

Wackernagel, M., L. Onisto, P. Bello, A. C. Linares, I. S. L. Falfán, J. M. Garcıa, A. I. S. Guerrero and M. G. S. Guerrero (1999). "National natural capital accounting with the ecological footprint concept." *Ecological* **29** (3): 375 – 390.

Walsh, M. E., G. Daniel, H. Shapouri and S. P. Slinsky (2003). "Bioenergy crop production in the United States: potential quantities, land use changes, and economic impacts on the agricultural sector." *Environmental and Resource Economics* **24** (4): 313 – 333.

Wang, J., Y. Chen, X. Shao, Y. Zhang and Y. Cao (2012).

"Land-use changes and policy dimension driving forces in China: Present, trend and future." *Land use policy* **29** (4): 737 – 749.

Wang, W., H. Guo, X. Chuai, C. Dai, L. Lai and M. Zhang (2014). "The impact of land use change on the temporospatial variations of ecosystems services value in China and an optimized land use solution." *Environmental Science & Policy* **44**: 62 – 72.

Watson, R. T., I. R. Noble, B. Bolin, N. Ravindranath, D. J. Verardo and D. J. Dokken (2000). *Land Use, Land – use Change and Forestry. A Special Report of the Intergovernmental Panel on Climate Change (IPCC)*. Cambridge: Cambridge University.

Weber, C. L., G. P. Peters, D. Guan and K. Hubacek (2008). "The contribution of Chinese exports to climate change." *Energy Policy* **36** (9): 3572 – 3577.

Weinzettel, J., E. G. Hertwich, G. P. Peters, K. Steen – Olsen and A. Galli (2013). "Affluence drives the global displacement of land use." *Global Environmental Change* **23** (2): 433 – 438.

Wichelns, D. (2001). "The role of 'virtual water' in efforts to a chieve food security and other national goals, with an example from Egypt." *Agricultural Water Management* **49** (2): 131 – 151.

Wiedmann, T. (2009). "A review of recent multi – region input – output models used for consumption – based emission and resource accounting." *Ecological Economics* **69** (2): 211 – 222.

Wirsenius, S. (2010). "The Biomass Metabolism of the Food System: A Model-Based Survey of the Global and Regional Turnover of Food Biomass." *Journal of Industrial Ecology* **7** (1): 47 – 80.

Wu, C., Y. D. Wei, X. Huang and B. Chen (2017). "Economic transition, spatial development and urban land use efficiency in the Yangtze River Delta, China." *Habitat International* **63** (Supplement C): 67 – 78.

WU, Q., G. – c. GUO and L. – p. WAN (2006). "Economic Growth and Change of Cultivated Land Quantity: An International Comparison and Illumination." *Resources Science* **4**: 012.

Würtenberger, L., T. Koellner and C. R. Binder (2006). "Virtual land use and agricultural trade: Estimating environmental and socio – economic impacts." *Ecological Economics* **57** (4): 679 – 697.

WWF, IGSNRR, GFN, IOZ and ZSL (2012). "China' s ecological footprint report 2012."

Xiaoyun, L. (2013). "China staple agricultural products stepping into 'net import age'." *http://en.xinhua08.com/a/20130702/1204576.shtml.*

Yang, H. and X. Li (2000). "Cultivated land and food supply inChina." *Land Use Policy* **17** (2): 73 – 88.

Yang, H., Y. Zhou and J. Liu (2009). "Land and water requirements ofbiofuel and implications for food supply and the environment in China." *Energy Policy* **37** (5): 1876 – 1885.

Yu, Y., K. Feng and K. Hubacek (2013). "Tele – connecting local consumption to global land use." *Global Environmental Change* **23** (5): 1178 – 1186.

Yu, Y., J. Liu, H. Wang and M. Liu (2011). "Assess the potential of solar irrigation systems for sustaining pasture lands in arid regions – A case study in Northwestern China." *Applied Energy* **88** (9): 3176 – 3182.

Yunlong, C. and H. Yaqin (2006). "Reevaluating Cultivated Land in China: Method and Case Studies." *Acta Geographica Sinica* **10**: 009.

Zhang, J., F. Zhang, D. Zhang, D. He, L. Zhang, C. Wu and X. Kong (2009). "The grain potential of cultivated lands in Mainland China in 2004." *Land Use Policy* **26** (1): 68 – 76.

Zhang, K., Z. Yu, X. Li, W. Zhou and D. Zhang (2007). "Land use change and land degradation in China from 1991 to 2001." *Land*

Degradation & Development **18**（2）：209 – 219.

Zhou，K.，Y. Liu，R. Tan and Y. Song（2014）．"Urban dynamics，landscape ecological security，and policy implications：A case study from the Wuhan area of central China." *Cities* **41**：141 – 153.

Zhu，Q.（2007）．"Discussion about statistical method of cultivated land area" *Tibet's Science and Technology* **9**：10 – 12（in Chinese）.

蔡春香，葛建平（2016）．"北京市生态足迹动态变化研究．"资源与产业 **18**（1）：50 – 60.

曹淑艳，谢高地，陈文辉，郭红（2014）．"中国主要农产品生产的生态足迹研究．"自然资源学报 **29**（8）：1336 – 1344.

陈迎，潘家华，谢来辉（2008）．"中国外贸进出口商品中的内涵能源及其政策含义．"经济研究（7）：11 – 25.

成丽，吴迪，王洪玉（2011）．"粮食贸易对耕地资源可持续利用影响分析．"农业经济（1）：41 – 43.

方恺，吴次芳，董亮（2018）．"城市化进程中的土地自然资本利用动态分析．"自然资源学报 **33**（01）：1 – 13.

耿涌（2010）．"应对气候变化的碳足迹研究综述．"中国人口．资源与环境 **20**（10）：6 – 12.

黄雨，田明华，隋明华（2017）．"中国农畜产品虚拟耕地流动趋势及发展战略．"当代经济研究（6）：90 – 96.

何艳芬等．（2004）．"吉林省耕地动态变化及其对粮食生产的影响．"资源科学 **26**（4）：119 – 125.

赖力，黄贤金，刘伟良，赵登辉（2006）．"基于投入产出技术的区域生态足迹调整分析——以 2002 年江苏省经济为例．"生态学报 **26**（4）：319 – 326.

李红伟，龚雨，邹君，杨玉蓉（2013）．"中国省级间农畜产品虚拟土地资源流动分析．"衡阳师范学院学报 **34**（6）：101 – 106.

龙花楼（2003）．"区域土地利用转型与土地整理．"地理科学进展

22（2）：133－140.

梁巧梅（2004）．“中国能源需求和能源强度预测的情景分析模型及其应用．”管理学报 **1**（1）：62.

刘雅婷，王赛鸽，陈彬（2018）．“基于投入产出分析的北京市虚拟水核算．”生态学报 **38**（6）．

刘彦随，陈百明（2002）．“中国可持续发展问题与土地利用/覆被变化研究．”地理研究 **21**（3）：324－330.

罗思平，王灿，陈吉宁（2010）．“中国国际贸易中隐含能的分析.”清华大学学报（自然科学版）(3)：477－480.

倪红福，李善同，何建武（2012）．“贸易隐含污染物测算及结构绿色转型研究．”中国人口・资源与环境 **22**（5）：164－169.

齐晔，李惠民，徐明（2008）．“中国进出口贸易中的隐含碳估算.”中国人口・资源与环境 **18**（3）：8－13.

盛昭瀚，李健，汪寿阳（2011）．“数量方法与供应链管理研究专辑序言．”系统科学与数学 **31**（11）：3－4.

石敏俊，金凤君，李娜，赵曌，金少胜（2006）．“中国地区间经济联系与区域发展驱动力分析．”地理学报 **61**（6）：593－603.

谢鸿宇，陈贤生，杨木壮，招华庆，赵美婵（2009）．“中国单位畜牧产品生态足迹分析．”生态学报 **29**（6）：3264－3270.

杨开忠（2000）．“生态足迹分析理论与方法．”地球科学进展 **15**（6）：630－636.

尹科，王如松，姚亮，梁菁（2012）．“生态足迹核算方法及其应用研究进展．”生态环境学报 **1**（3）：584－589.

张恒义，刘卫东，林育欣，单娜娜，王世忠（2009）．“基于改进生态足迹模型的浙江省域生态足迹分析．”生态学报 **29**（5）：2738－2748.

赵先贵，肖玲，兰叶霞，王书转，马彩虹（2005）．“陕西省生态足迹和生态承载力动态研究．”中国农业科学 **38**（4）：746－753.

后 记

本书是基于我多年来的学术积累，对中国虚拟土地进行的进一步的系统性研究，旨在深化中国虚拟土地研究的理论与现实意义。随着经济全球化的日益加强，贸易导致商品的生产能力与消费需求的空间分离日益明显。一个地区可以通过从其他地区进口商品，将土地资源的压力从消费地转移到生产地，从而改变土地资源实际占用情况的分布。为了实现对中国土地资源的可持续管理，对中国的土地足迹进行系统性研究成为相关政府部门及决策者在制定土地政策时需要解决的关键科学问题。本书通过对中国虚拟土地进行时间序列的系统分析，拟为中国可持续土地利用政策的制定提供理论与数据支撑。

我要感谢我的博士导师沈岐平教授和我的硕士导师陈国谦教授，引领我走向学术生涯，并提供无私的指导与帮助。感谢耶鲁大学森林环境系 Karen C. Seto 教授，在我在耶鲁的工作学习期间对我的研究提出了宝贵的意见和建议。

我还要感谢我的硕士期间所在团队的成员陈彬、陈晖、陈占明、韩梦瑶、姜昧茗、季曦、李植、李德民、李佳硕、李刚、姜哲、孟靖、邵玲、王平、伍梓、吴晓芳、吴旭东、杨晴、曾利、张博。感谢我的博士期间所在团队的成员 Ann Yu、卜杉杉、Derek Drew、洪竞科、黄娟、李政道、梁昕、Margaret Mo、彭毅、孙冰夏、唐攀、王昊、薛帆、于涛、袁钊、Zuhaili Mohamad Ramly、郑微。感谢我的学生王瑶、黄慎、黄杨光、陆嘉瑶、孙瀚涛、杨佐平。感谢大家一直以来对我研究工作的支持与帮助。

最后，我要特别感谢我的家人，谢谢你们的理解、支持和鼓励。

我也非常感谢香港理工大学建筑与房地产系和北京大学工学院对我的培养。感谢香港研究资助局（RGC）的香港博士研究生奖学金计划对我的研究的支持。另外，本成果受到中国人民大学“中央高校建设世界一流大学（学科）和特色发展引导专项资金”支持。

在本书即将出版之际，我对所有关心中国土地可持续利用，为本研究提供各种资料，给予各种帮助和支持的专家同仁再次表示感谢。

郭珊

2019 年 7 月 10 日

English

Preface

As all human beings fundamentally depend on nature, natural capital accounting becomes increasingly prominent. Productive land is a good proxy for natural capital and it can provide a wealth of materials needed by humans. Globalization increases worldwide economic links. The displacement of land use from one place to another occurs when goods are traded among industries and regions, thus shifting the pressures of local land resources. Exploring land occupation of the Chinese economy is a great concern given the modern economic organization of China and its growing trade connections.

The fast population increase, rapid economic growth, accelerated commodity consumption and expansion of domestic and foreign trade present increasing challenges for China's sustainable land use. Temporal nexus studies for exploring the dynamic evolution of China's virtual land use change are important to meet the sustainability needs of future land use. This research aims to explore systematically the temporal nexus of China's land use to provide insight into "virtual land" given the complex globalized economic network. This can facilitate China's sustainable land management by establishing a comprehensive database of historical virtual land use data.

Chapter 1 describes the research questions in the context of sustainable land use management and economic globalization. Chapter 2 conducts a comprehensive literature review of China's actual and virtual land use on China's land use change and their related environmental effects, the evolution of the definition of "virtual land", the virtual land use in a specific country or region, and the virtual land flows embodied in agricultural trade activities. Chapter 3 introduces the input-output analysis method, including the data collection, the algorithm, and the indicators. Chapter 4,5 employ time-series data to demonstrate the land occupation of the Chinese economy over time with multiple land use types, including cultivated and pasture land. The calculated results are a solid reference to re-recognize the historical characteristics of virtual land requirements of the Chinese economy. This approach also provides a detailed historical database of China's virtual land to guide multiple sustainable goals in the process of globalization. Chapter 6 summarizes the main research findings and discusses the limitations of this research and directions for future studies.

This study reconsiders the land occupation of the Chinese economy at different times to prioritize sustainable land use. A systematical analysis of the temporal nexus of China's land use is conducted by considering the complex globalized economic networks. Temporal nexus can help identify significant historical characteristics and the key driving factors. This systematical analysis of China's land use is vital to customize and prioritize policy recommendations on sustainable land management in China.

This work is supported by Renmin University of China: the special developing and guiding fund for building world-class universities(disciplines).

Chapter 1 Introduction

Fundamentally human beings all depend on nature, therefore natural capital accounting becomes increasingly prominent. Productive land is a good proxy for natural capital and it can provide a wealth of materials needed by humans, such as food and timber (Wackernagel, Onisto et al. 1999). However, in the historical process of human society, unreasonable abuse of land resources has caused serious soil erosion, desertification, secondary salinization and other consequences of land quality decline. Given the finite character of land with its biophysical[1] wealth, there is an urgent need to conserve the scarce productive land resources for supporting the complex social economic-ecological systems of humans (Chen, Chen et al. 2006). Globalization increases worldwide economic links. The displacement of land use from one place to another occurs when goods are traded among industries and regions, thus shifting the pressures of local land resources (Lambin and Meyfroidt 2011). Land occupation of the Chinese economy is a great concern given the modern economic organization of China and its growing trade connections.

As a country with approximately one-fifth of the world's population but

---

① Biophysical factors include soil quality, land-cover, biodiversity and etc.

only 7% of the land area of the world, China faces a severe land resource problem of low per capita availability (Chen 2007). Moreover, high resource consumption is needed to support China's rapid economic development. China is under unprecedented pressures on how to properly allocate its scarce land resources to meet future demands for goods and services because of the increasing food demand, expanding biofuel production as well as the rapid industrialization and urbanization in recent years (Qiang, Liu et al. 2013). Local factors cannot be considered as determinants to address these concerns because of globalization. The modern economic organization mode can balance resource supply and commodity demand by expanding the production and trade chain or network. Thus, China needs to focus more on indirect land use, which is associated with domestic and foreign trade flows, to protect land in the country.

Ecological footprint (EF) was proposed by Rees and Wackernagel in the 1990s (Rees 1992, Rees 1996, Wackernagel and Rees 1996) to estimate how fast natural resources are consumed at a global scale. EF is defined as "the total area of productive land and water area required continuously to produce all the resources consumed and to assimilate all the wastes produced, by a defined population, wherever on earth that land is located" (Wackernagel and Rees 1996). Despite the significance of EF in land resource accounting, EF is criticized for failing to depict the mutual interrelationships of economic activities and to assign indirect environmental burden from inter-industrial dependencies (Costello, Griffin et al. 2011). Although this concept aims to address consumer responsibility, it disregards the real linkages between a specific consumption and actual resource use (Lenzen, Hansson et al. 2007). Production versus consumption-based method has been extensively explored in greenhouse gas emissions accounting field. The production accounting principle typically focuses on local production emissions but does not consider all the emissions, including the direct and indirect emissions caused by the entire chain of production, which are allocated to final consumers (Wiedmann 2009). On the contrary, the consumption accounting principle is proposed to estimate carbon emissions, which are associated with consumption (Wiedmann 2009). In this study, producers are responsible for local land resources, and consumers are responsible for land resources they consumed.

The ever-closer economic relationship among various industries in different regions through interregional trade exacerbates the pressure on resource displacement. Land-intensive commodities or services are generally consumed in economically developed regions but produced in resource-rich regions. The issues of resource pressure transfer and responsibility allocation, as well as the total direct and indirect resource consumptions in the entire supply chain (i. e. the embodied resource utilization), have gained significant attention in environmental accounting field (Hertwich and Peters 2009, Costello, Griffin et al. 2011, Kanemoto, Lenzen et al. 2011). The concept of "virtual land" is put forward to understand the total (including direct and indirect) land consumption (Wichelns 2001, Würtenberger, Koellner et al. 2006). Interchangeable with "embodied land", this concept refers to the total land required for the whole production process of goods or services. Virtual land is considered as an efficient proxy for embodied land resource impacts in trade flows, for example, to measure how much land areas are occupied by certain traded crops. "Land footprint" is used to describe the real amount of land to satisfy consumption (Weinzettel, Hertwich et al. 2013)

From the perspective of virtual land, we need to reconsider the relationships of land occupation in different time and space. Criticisms on land ecological resource constraints are severe. Urbanization in China is unprecedented and large-scale. This human movement will likely exceed the carrying capacity of nature. Thus, the investigation of changing pattern of virtual land is essential to assess the limitations or boundaries of resource consumption. In the context of economic globalization, social inequity is a great challenge that is accompanied by high social division because of industrial specialization. Highly social division occurs when a region only focuses on limited products and services to increase productivity.

Input-output analysis (IOA) is a well-established approach in virtual land accounting that enables resource flows and environmental effects to be assigned to categories of final consumption through inter-industrial net connections, and it is a quantitative methodology adopted to represent sectoral virtual land flows with economic flows based on physical balance (Chen and Chen 2011).

Given the effect of the global economic trade on regional resource displacement, this study aims to conduct a systematical analysis of China's virtual land use over time. The systematical analysis can motivate the Chinese government to prioritize sustainable land use and to avoid promoting economic development at the expense of precious land resources.

1.1 Scope of the Study

The research scope of China's land use is broad (including land use change, and its relevant environmental, social, and economic effects). Thus, defining the specific scope of this study is necessary.

First, this study mainly focuses on China's virtual land, though China's actual land use change is crucial and has been discussed by many researchers. The significance and implication of virtual land are gaining increasing research attention.

Second, two land use types are discussed in this study, i. e., cultivated land and pasture land. Irrational utilization of these biologically productive areas will mainly cause biodiversity loss. According to China's Land Management Law, land use classification includes agricultural land, construction land, and unused land. Agricultural land (or farm land) is mainly divided into cultivated land, forest land, pasture land, and other types of agricultural land. Per capita farm land in China is only approximately 0.08 hectares (Yang, Zhou et al. 2009). Cultivated land supplies food, which is one of the most essential resources for human survival. To raise a large population, the Chinese government employs legislative measures to establish a "red line" limitation, i. e., 120 million hectares of cultivated land to ensure food security under the large population base (Wang, Chen et al. 2012). Pasture land is used for grazing to raise livestock for meat, dairy or animal products. Global climate change and livestock grazing are the major drivers of serious degradation and deterioration of grassland in China over the past 30 years (Yu, Liu et al. 2011).

Third, China's virtual land use is examined from the temporal perspective in our study. Temporal integration is a key element for the systematical analysis, as changing pattern of virtual land use can be examined by observing more clues over time.

1.2 Research Questions

In the past 20 years, China has experienced rapid economic growth, accelerated resource and commodity consumption, as well as domestic and foreign trade expansion. In the complex economic environment, China's land resource governance faces increasing complexity, particularly when the linkages and interdependence of industrial economies over time are considered. Land is a basic element that has the most significant impact on agricultural production worldwide. Thus, this study explores the temporal nexus of China's virtual land to achieve sustainable land management goals in the context of complex economic and environmental considerations. The specific research question is as follows: What is the changing pattern of China's virtual land with multi-type land use over time?

1.3 Research Aim and Objectives

To address the research question, this research aims to explore systematically the temporal nexus of China's land use to provide insight into "virtual land" given the complex globalized economic network. This can facilitate China's sustainable land management by establishing a comprehensive database of historical virtual land use. The specific research objectives are as follows:

(1) To investigate the changing pattern of China's virtual land using time series input-output data;

(2) To draw policy implications in achieving sustainable land management by providing insight into the temporal nexus of China's virtual land use.

1.4 Value and Significance of the Research

China is experiencing rapid industrialization and urbanization, thus the demand for natural capital accelerates. To avoid developing economy at the expense of precious land resources, how to transform China into an environment-friendly society that respects and conserves land resource becomes an important issue. Globalization increases the interregional economic links, and trade plays an increasingly crucial role in redistributing land resource. Under this context, a systematical analysis of China's land use is conducted in this study. The findings can help to reveal the sectoral land use efficiency and the impacts of consumption and trade on regional land use in China.

In terms of theoretical contribution, the concept of "virtual land", which serves as a proxy for total land impacts embodied in trade flows, is used in this study to reconsider the relationships of land occupation of the Chinese economy in different time and space. Comparing with policies that focus only on local land resources, the findings considering "virtual land" can motivate the Chinese government to prioritize sustainable land use management from a consumption-based perspective. Besides, this study conducts a systematical analysis of the temporal nexus of China's land use by providing insight into "virtual land", given the complex globalized economic network. This analysis can help policymakers to identify policies with unsustainable or unfair effectiveness, such as policies with effectiveness in the short period but little detectable effect in the long run or in one specified region but adverse effects on other regions. This analysis can eventually contribute to an integrated long-term land use planning strategy.

In terms of practical contribution, temporal analysis can facilitate extracting significantly historical statistics and other characteristics based on the time series data. According to these insights, improving land resource end-use efficiency, optimizing industrial and regional trade structures, allocating regional responsibility based on the land-demand-driven strategy, and building synergies of resource utilization goals are all needed to be addressed to achieve China's sustainable land use goals.

1.5 Structure of the Study

This study is composed of six chapters.

Chapter 1 presents the overall introduction that highlights the essential information on the entire research, including the background, research questions and objectives, scope and design of the research, research methods, and structure of this study.

Chapter 2 describes a comprehensive literature review on China's actual and virtual land use. Three literature categories are reviewed regarding actual land use: the overall changes in China's land use, their related environmental effects, and relevant research on specific land use categories. Three literature categories are also reviewed regarding virtual land use: the definition of virtual land, studies on virtual land accounting, and studies on China's virtual land accounting. Research gaps are identified in this research to improve the significance of the study.

Chapter 3 presents the methodology. This chapter discusses single regional input-output (SRIO) analysis to conduct temporal analysis of China's land use. With regard to the analytical method, the data collection, which is used to gather information on the objective, the algorithm, which is adopted to calculate the embodied land flows, and the indicators used to assess the temporal characteristics of China's land use, are all described in details.

Chapter 4, 5 present the temporal nexus of cultivated land and pasture land. A temporal comparison of virtual land use over the recent 20 years is presented in this chapter to depict the changing trends of virtual land use. Moreover, these two chapters conduct a horizontal comparison among sectors within the same time frame in 2015 to show the "common but differentiated" industrial responsibilities for land protection.

Chapter 6 summarizes the main research findings and examines how the research objectives, which are proposed at the beginning of the study, are achieved. The theoretical and practical contributions are highlighted. Finally, the limitations of this research and directions for future studies are discussed.

1.6 Chapter Summary

This chapter provides an outline of the book, including the research background, scope of study, research questions, research aim and objectives, and research significance. Why and how this research is conducted is answered in this chapter. This study can fill the knowledge gap in China's sustainable land management in virtual land accounting. The structure of this study is also outlined. The research gap is further explored in the next chapter based on a series of literature reviews.

Chapter 2　Literature Review

The literature relevant to China's actual and virtual land is reviewed. The research hotspots in China's land use change, the environmental effects of these changes and specific land use categories are identified first. By identifying the significance of virtual land, this study recognizes the definition of virtual land, virtual land accounting method, and China's virtual land studies. Based on the literature review, research gaps in the scope of existing studies are identified.

2.1　China's Actual Land Use

2.1.1　China's Total Land Use Change

China is a populous country with approximately one-fifth of the world's population, but it occupies only 7% of the world's land area. Thus, the country faces a severe food security issue (Chen 2007). China's land use has been discussed by many scholars around the world (Feng, Bao et al. 2014, Liu, Fang et al. 2014, Liu, Huang et al. 2014, Liu, Yang et al. 2014, Wang, Guo et al. 2014, Guanghui, Xinpan et al. 2015). Significant changes in land use have been recently experienced in China, and they are attributed to rapid urbanization, industrialization, and globalization. Many scholars have attempted to analyze the characteristics and changing trends of China's land use. Major land use problems in China in the context of rapid urbanization are analyzed by Liu et al. (2014). This research determines that the requisition-compensation balance of cultivated land are the targeted problems in the implementation of current policies. However, China lacks a comprehensive study to assess these problems. Analyzing the temporal characteristics of land use change is essential for sustainable land use management.

2.1.2 Land Use Change and Its Environmental Impacts

Aside from studies on the characteristics of land use, the cause-effect relationships between the changes in land use and climate change, bioenergy production, and ecological functions (e.g., biodiversity) are also the research hotspots recently.

The most significant anthropogenic effects on climate are greenhouse gas emissions and land use change (Kalnay and Cai 2003). Many scholars have attempted to determine the effects of land use change on climate change (Dale 1997, Watson, Noble et al. 2000, Olesen and Bindi 2002, Pielke, Marland et al. 2002, Pielke 2005, Stern 2007). Pielke et al. (2002) quantified the effects of land use change on regional and global climate. However, Dale (1997) pointed out that the vast majority of land use change is not significantly related to climate change in recent centuries. He also considered non-climatic causes of land use change (e.g., socioeconomics and politics) as necessary to better realize sustainable ecological functions on regional and global scales.

Global climate change has increased the demand for bioenergy production because burning fossil fuels emit a lot of greenhouse gases. The land use dynamics of bioenergy crop production is essential for the sustainable development of bioenergy. Many studies have focused on the effects of bioenergy production on land use change (Walsh, Daniel et al. 2003, Johansson and Azar 2007, Campbell, Lobell et al. 2008, Fischer, Prieler et al. 2010, Don, Osborne et al. 2012, Miyake, Renouf et al. 2012). Miyake et al. (2012) reviewed the bioenergy-driven land use changes in four regions (Brazil, Indonesia and Malaysia, the United States of America, and the European Union) and confirmed that bioenergy-driven land use change would continue to severely affect the land-abundant developing regions where economic development is prioritized over sustainable land use policies.

Land resources provide the basic functions for human beings to grow crops, raise animals, obtain timber, and build cities. In addition to these essential ecosystem goods, land resources provide a range of other ecosystem functions, such as freshwater supply, regulation of climate and biogeochemical cycles, maintenance of soil fertility, and provision of habitat for biological diversity (DeFries, Foley et al. 2004). Balancing the tradeoffs between satisfying the current human requirements and maintaining ecosystem functions requires quantitative information on ecosystem responses to land use. Therefore, researchers have made their contributions on the ecological function analyses of land use change (Dramstad, Olson et al. 1996, Foster, Swanson et al. 2003, DeFries, Foley et al. 2004, De Groot 2006, DeFries, Hansen et al. 2007, Wang, Guo et al. 2014, Zhou, Liu et al. 2014). Foster et al. (2003) concluded that land use activities would affect the ecosystem structure and function for decades after these activities are carried out. Land use change can also affect ecosystem service values(ESV). Wang et al. (2014) used crop yield data, ESV empirical data on different terrestrial ecosystems, land use data, and development policies in China to examine the effects of land use change on ESVs to optimize China's land use structure and maximize the total ESVs using a linear programming model. Zhou et al. (2014) examined the impact of urban growth on ecological security.

2.1.3 Specific Land Use Types

The previous couple of sections provide an overall description of China's land use change. The specific land use types, such as cultivated land and pasture land, have also been discussed extensively. Among the different kinds of land use, cultivated land is the one received the greatest attention from scholars and policymakers worldwide (Buyanovsky and Wagner 1998a, Buyanovsky and Wagner 1998b, Islam and Weil 2000, Yang and Li 2000, Li and Wang 2003, Liu, Liu et al. 2005, Deng, Huang et al. 2006, WU, GUO et al. 2006, Yunlong and Yaqin 2006, Chen 2007, Zhang, Zhang et al. 2009, Fischer, Prieler et al. 2010, Chen, Ye et al. 2014, Guo and Shen 2014, Song 2014, Song and Pijanowski 2014, Dang, Xu et al. 2015). Driving by the increasing food demand, expanding biofuel production as well as the rapid industrialization and urbanization in recent years, China is under unprecedented pressure to properly allocate its scarce cultivated land resources to meet future demands for goods and services (Qiang, Liu et al. 2013). To cope with this, the Chinese government employed legislative measures to establish a "red line" limitation, i. e., 120 million hectares, for its cultivated land (Wang, Chen et al. 2012, Yang, Guo et al. 2015). The effects of cultivated land use change on food safety (Yang and Li 2000) and the temporal changing patterns of cultivated land(Liu,Liu et al. 2005) are popular research topics.

More than 40% of China's total land area is pasture land, which covers almost 4 million km^2 (Ni 2002). Pasture land plays an important role in livestock production and conservation of water and soil. Despite many efforts to prevent land desertification in China, pasture land degradation continues to proliferate through overgrazing, cropland misuse, and unregulated collection of fuel plants(Akiyama and Kawamura, 2007). Many researchers have contributed to China's pasture land protection(Conant, Paustian et al. 2001, Ni 2002, Bai, Han et al. 2004, Akiyama and Kawamura 2007, Kang, Han et al. 2007, Ren, Hu et al. 2008).

Studies have discussed the cause-effect relationships between land use change and climate change, bioenergy production, and ecological functions. The cause of land use change, which is a combined action of the outcomes of human and biophysical processes, is complicated and includes biophysical, socioeconomic, cultural, and political factors. Local factors are not applicable to local land use strategies given the economic globalization. The significance of the effects of economic activities on land use change will increase in policymaking or further academic studies. Land resource accounting, which is associated with the globalized economic network, is reviewed in the following section. The literature reviews on the analysis of China's land resource accounting is also included.

2.2 China's Virtual Land Use

2.2.1 Virtual Land Definition

China, which has been driven by increasing food demand, expanding biofuel production, and rapid industrialization and urbanization in recent years, is under unprecedented pressure to properly allocate its scarce land resources to meet future demands for goods and services (Qiang, Liu et al. 2013). When modern economic organization mode creates the possibility to rematch resource supply and commodity demand by expanding the production chain or network, indirect land use, which is associated with consumption and trade flows, will become a priority for land protection.

The concept of "virtual land" is put forward to understand the total (including direct and indirect) land consumption (Wichelns 2001, Würtenberger, Koellner et al. 2006). Interchangeable with "embodied land", this concept refers to the total land required for the whole production process of goods or services. In the context of globalization, a comprehensive understanding of virtual land use is an indispensable foundation to develop effective land management strategies.

Seabrooke et al. (2004) questioned local policy in achieving the sustainable development by only considering the short-term local advantages. In this study, the theory of virtual land gives a sustainable view of considering producers and consumers of hidden land flows in a global market economy. Multiple responsibility entities are considered in the context of globalization to cope with complex sustainable development issues(Guo and Chen 2013).

2.2.2 Virtual Land Accounting

The interest on land use accounting in terms of consumption and trade can be traced back to the concept of EF, which was proposed by Rees and Wackernagel in the 1990s (Rees 1992, Rees 1996, Wackernagel and Rees 1996). EF is defined as "the total area of productive land and water area required continuously to produce all the resources consumed and to assimilate all the wastes produced, by a defined population, wherever on earth that land is located" (Wackernagel and Rees 1996). In 2003, Wackernagel and his colleagues established the Global Footprint Network (GFN), an international think tank working to advance sustainability using EF based on NFA, which publishes the database of EFs for nearly 150 nations.

Despite its significance in land resources accounting, EF is criticized for failing to depict the mutual interrelationships of economic activities and to assign indirect environmental burden from inter-industrial dependencies (Costello, Griffin et al. 2011). For example, although the concept aims to address consumer responsibility by combining all the direct and indirect ecological impacts originated from a specific activity, it neglects the intrinsic linkages between consumption and resource depletion. Thus, EF fails to reveal the causal relationship to trace back to the places where the ecological impacts actually occur (Lenzen, Hansson et al. 2007).

By contrast, IOA is a well-established approach that enables resource flows and environmental effects to be assigned to categories of final consumption through inter-industrial connection (Chen, Chen et al. 2013). The methodology provides a quantitative solution to represent the sectoral embodied ecological flows along with their economic counterparts based on physical balance (Chen and Chen 2011a). Resource uses and environmental emissions based on IOA were quantified in different categories, such as energy consumption, water use, land use, and greenhouse gas emissions (Guan, Hubacek et al. 2008, Peters 2008, Wiedmann 2009, Su and Ang 2010, Guo, Liu et al. 2012, Guo and Chen 2013, Weinzettel, Hertwich et al. 2013, Han, Guo et al. 2014, Ji, Chen et al. 2014). Many studies have substantially contributed to the knowledge on resource utilization and environmental emissions. These studies can be categorized as multi-regional input-output (MRIO) and SRIO models based on the scope of the studies. SRIO focuses on the overall resource utilization of a single region. Studies on China's single-region carbon emissions provide efficient data to support efforts on resource protection (Dhakal 2010, Geng, Peng et al. 2011, Zhang, Yang et al. 2011, Chen, Chen et al. 2013, Vause, Gao et al. 2013).

Land use assessment based on IOA can be traced back to 1998 when Bicknell et al. (1998) proposed the method and applied it to New Zealand. Three years later, Ferng et al. (2001) enhanced the applicability of the method by introducing several necessary corrections. Henceforth, a series of scholars have made lots of contributions to the development of IOA in the field of land use accounting (Lenzen, Murray et al. 2003, Wood, Lenzen et al. 2006, Lenzen, Murray et al. 2007, Galli, Wiedmann et al. 2012). This method is widely adopted for land use accounting on the global, national, urban, and organizational scales (Lenzen and Murray 2001, Wiedmann, Minx et al. 2006, Wiedmann, Lenzen et al. 2007, Hubacek, Guan et al. 2009), thus indicating its great significance in policy implications.

2.2.3 China's Virtual Land Accounting

In terms of China's land use, GFN publishes an annual EF report on China using the NFA method (WWF, IGSNRR et al. 2012). Many Chinese researchers have applied or modified the EF methodology. Liu and Peng (2003) calculated the time series of EF in China during 1962 – 2001. Chen and his colleagues assessed the natural resource use of China using the modified EF method in a series of studies (Chen and Chen 2006, Chen, Chen et al. 2006, Chen and Chen 2007, Chen, Chen et al. 2007, Shao, Wu et al. 2013). As regarding China's virtual land use, Hubacek and Sun (2001) calculated China's virtual land requirements by utilizing an IO model to determine how the economic and societal changes affect land use and land cover. However, no study has targeted the systematical analysis of China's land use from the temporal perspective. To fill this gap, the current study presents an embodiment analysis on China's land use with the high sectoral resolution, long-time-serial, and multi-spatial IO data to demonstrate how land resources in China are utilized to meet the requirements of increasing domestic consumption and international trade.

China is experiencing dramatic land use change The relation between economic activities and environmental effects from the temporal perspective is a significant concern particularly with the advent of globalization. In the past 20 years, China has experienced substantial economic reforms. As its economy develops, many serious environmental problems emerge. Therefore, studies on the time variation in virtual land are highly significant to establish sustainable economic and administrative policies to meet the needs of development and nature conservation. A few studies are related to China's virtual land in a time series. Chen and Han (2015) systematically and comprehensively analyzed China's land use-related issues, considering multi-type land use, high-sectoral resolution, and time series input-output data. Guo et al. (2014) conducted an embodiment analysis on China's cultivated land use using a long-time series in 1987 – 2007 and determined historical trends in land use change.

The geographic distribution of China's land resources is unbalanced (Zhang and Anadon 2014). The close economic relationship among various industries in different regions through interregional trade exacerbates the pressure on resource displacement. Land-intensive commodities or services are generally consumed in economically developed regions but produced in resource-abundant regions. The resource pressure transfer and responsible allocation, as well as the total direct and indirect resource consumptions in the entire supply chain (i. e., embodied resource utilization), are known issues in environmental accounting (Hertwich and Peters 2009, Costello, Griffin et al. 2011, Kanemoto, Lenzen et al. 2011). IOA is a useful tool to comprehensively clarify the interweaving economic linkages among industries, and it helps track the origin of resources or where these resources are utilized through a complex economic network (Larsen and Hertwich 2009, Peters, Minx et al. 2011, Skelton, Guan et al. 2011). To take account of the regional characteristics and industrial impacts, MRIO is utilized to present the interactions among various industries within several associated economic regions (Wiedmann 2009).

To systematically analyze the temporal nexus of land use, this study conducts a systematical embodiment analysis of China's land use change in cultivated land and pasture land to identify China's land occupation over time.

2.3 Research Gaps

Many scholars have substantially contributed to the research on China's land use. A critical review of previous studies in the preceding sections helps map this field. The knowledge gaps are identified and filled in this study.

Previous studies discussed China's actual land use change, its relations to climate change, bioenergy production, and ecological functions, and physical characteristics of specific land use types. However, these studies mainly focus on local land use strategy by considering local land use issues, regardless of cross-border and large-scale land displacement through international and domestic trade. Local factors are not sufficient to make a comprehensive local land use strategy in the wave of economic globalization. Changes in consumption and trade patterns or policies in one place may cause displacement or leakage of land resources elsewhere. "Virtual land" or "embodied land" is used in this study to understand the total (including direct and indirect land use) land required for the whole production process of goods or services, including virtual land fluxes flowing into, within, and out of China.

Few studies are specially targeted at China's land use based on embodied concepts, although there are already some studies concerning China's EF. However, EF is criticized for failing to depict the mutual interrelationships of economic activities and to assign indirect land use burden from inter-industrial dependencies. Systems IOA provides a quantitative solution to represent the sectoral embodied environmental flows along with their economic counterparts based on physical balance. Although embodiment analysis based on IOA has been widely applied in calculating and analyzing resource utilization (energy, water, materials and etc.) and environmental impacts (carbon emissions, pollution emissions, heavy metal pollution and etc.), studies concerning China's virtual land using IOA are still lacking. The characteristics of China's virtual land use have not been comprehensively investigated. To fill in this gap, this study explores the dynamics and evolution of China's virtual land use change through the interregional supply chain.

2.4 Chapter Summary

This chapter reviews the research focus on China's actual land use change, its environmental effects, and crucial issues on specific land use categories. The effect of economic activities on land use is significant. Thus, virtual land is an indispensable foundation to develop effective land management strategies. This chapter comprehensively describes previous works on the definition of virtual land, virtual land accounting, and China's virtual-land accounting. Research gaps in the scope of the existing literature are also identified.

Chapter 3 Methodology

3.1 Data Sources

China's land use data have been released by the former Ministry of Land Resources since 1999. China has launched two national land surveys since 1984 and was preparing for the third land use survey since 2017. The first land survey was started in May 1984 and ended at the end of 1997. The long delay for this land survey was because of the limited supported funds and lack of awareness of basic land surveying work. The second land survey was started in July 2007 and ended in 2009. In other years, land change survey was launched yearly to make a fine adjustment. The land use data limitation is the constant adjustment of statistical coverage of land use data.

Specific reports related to land use data include *China Communiqué of Land and Resources* (1999 – 2016), *China Land & Resources Almanac* (1999 – 2016), and *China Land and Resource Statistical Yearbooks* (2005 – 2016). China's land use data during 2000 – 2015 applied in this study are sourced from China Communiqué of Land and Resources and China Land and Resource Statistical Yearbooks to make sure the data integrity.

The National Statistical Bureau of China publishes national input-output tables every five years. To date, there are twelve official input-output tables for China in total, including the input-output tables for 1987, 1990, 1992, 1995, 1997, 2000, 2002, 2005, 2007, 2010, 2012 and 2015. The new official input-output table was compiled at the years ending with 2 and 7 (like 1987 and 1992). Based on each original IO table, the extended IO table was completed after 3 years (like 1990 and 1995). With the input-output table and land use data in China, we conduct a comprehensive time-serial study on embodied land use change in China for the period of 1987 – 2015. We use the indicator of GDP deflators to adjust price level to the baseline year of 1987 (Table 3.1).

Table 3.1 GDP deflators in 1987 – 2015 (calculated from CSY (2016))

Year	1987	1990	1992	1995	1997	2000
GDP deflator	100.00	120.65	150.16	211.07	254.98	320.63
Year	2002	2005	2007	2010	2012	2015
GDP deflator	379.53	513.30	666.56	875.63	1029.52	1287.77

The data limitations related to economic data are the late availability of IO tables since it is very time-consuming of compiling IO tables by collecting a great amount of original economic data and making the complex and highly accurate model. In this study, the latest available IO tables for 1987 – 2015 have been used to analyze China's time-serial embodied land use.

3.2 Input-Output Analysis

This study applied a systems input-output model to account China's embodied land flows along the global supply chains. The ecological input-output model was theorized and developed based on Leontief's earlier input-output work in the 1970s, for which he was awarded a Nobel Prize (Leontief 1970). Then based on the biophysical balance, the systems input-output model was developed to calculate the sectoral embodied land flows along with the economic flows. Integrating direct land flows and economic flows, an ecological input-output table is an important tool for analyzing the embodied land hidden behind the interconnected economic network system.

The symbols in the systems input-output table (Table 3.2) are defined as the followings:

z_{ij} = Inter-sector economic flows from Sector i to Sector j;

x_j = Total output value of Sector j;

f_j = Final consumption of Sector j;

e_{xj} = Export value of Sector j;

l_j = Direct land use by Sector j;

ε_j = Embodied land intensity of Sector j.

Embodied land intensity is defined as the sum of direct and indirect land use required for the complete production process of per unit of goods or services. Based on the biophysical balance for the land flows hidden behind the economic flows, the formula can be derived as below based on the systems IO table (as shown in Table 3.2).

$$\varepsilon_j x_j = \sum_{i=1}^{n} \varepsilon_j z_{ij} + l_j \quad (1)$$

Then, the matrix form of Eq. (1) can be formulated as

$$\varepsilon X = \varepsilon Z + L \tag{2}$$

$L = [l_j]_{1\times n}$,the direct land use matrix;

$E = [\varepsilon_j]_{1\times n}$, the embodied land intensity matrix;

$Z = [z_{ij}]_{n\times n}$, the intermediate input matrix;

$X = [x_{ij}]_{n\times n}$, the total output matrix, in which $i,j \in (1,2,\cdots,n)$, $x_{ij} = x_j (i = j)$ and $x_{ij} = 0(i \neq j)$.

Table 3.2 The basic structure of the systems IO table

Input \ Output		Intermediate use				Final consumption					Export	Total output
		Sector 1	Sector 2	⋮	Sector n	Household consumption (Rural)	Household consumption (Urban)	Government consumption	Fixed capital formation	Inventory increase		
Intermediate inputs	Sector 1	z_{11}	…		z_{1n}			f_1			e_{x1}	x_1
	Sector 2	⋮	…		⋮			⋮			⋮	⋮
	…											
	Sector n	z_{n1}	…		z_{nn}			f_n			e_{xn}	x_n
Direct land use		l_1	…		l_n							

Based on the above derivation, the embodied land intensity ε could be formed as

$$\varepsilon = L\,(X - Z)^{-1} \tag{3}$$

Embodied land flows in consumption and trade activities are calculated according to the above embodied land intensity database. The implications and calculations of embodied land in production, consumption, import, export, and trade balance are explained in the followings.

For the embodied land in production and consumption activities, this study calculates production-based and consumption-based land use. Production-based land use could be defined as the direct land use happened in the production process, which is widely used in pollution emission and resource usage accounting during the recent past years, expressed as ELP (Chen and Zhang 2010). Consumption-based land use is the total, including direct and indirect, land use related to consumption activities (Cadarso, López et al. 2012), which is the land occupied along the chains of the production process and the whole supply chain, and finally allocated to the final consumers, notated as ELC.

The production-based and consumption-based land can be formulated as

$$ELP_j = L_j \tag{4}$$

$$ELC_j = \varepsilon_j F_j \tag{5}$$

f_j = final consumption from Sector j.

To reflect the trading pattern in terms of land resources, embodied land in imports (ELI), embodied land in exports (ELE), and the difference between ELE and ELI, i. e., embodied land trade balance (ELB) (Chen and Chen 2011) are regarded as important indicators. These three indicators can be calculated as

$$ELI_j = \varepsilon_j I_{mj} \tag{6}$$

$$ELE_j = \varepsilon_j E_{xj} \tag{7}$$

$$ELB_j = ELE_j - ELI_j \tag{8}$$

i_m = imports from region m.

3.3 Chapter Summary

Data collection, algorithm design, and indicator identification are described in this chapter to elaborate the methodology used in this study. The primary results based on temporal nexus, which are evaluated using the SRIO model described in this chapter, are analyzed and discussed in Chapter 4,5.

Chapter 4 Virtual Cultivated Land Use

4. 1 Time Series Analysis

4. 1. 1 Temporal Change in Efficiency

The cultivated land use efficiency is a measure of the overall (including direct and indirect) cultivated land costs per economic output, which can be expressed as the embodied cultivated land intensity. Fig. 4. 1 compares the embodied cultivated land intensities of the concerned years. The embodied intensities for these 28 years show a downward trend, declining from 71. 17 to 0. 54 hectares/million Yuan. The exponential trend line is simulated with a high goodness of fit as represented by a high R^2 value of 0. 9592. The result shows China's effort and effectiveness to improve cultivated land use efficiency through technical development, land policies and industrial and trade structures adjustments. However, the average annual decrement rate has been declining from 10. 29 to 0. 08 hectares/million Yuan during this period, which shows the potential of increasing efficient to conserve cultivated land use is quite limited in the future. Therefore, China needs to devote more effort to develop an integrated cultivated land use management mode combined with modern agricultural technology application and economic structure adjustment.

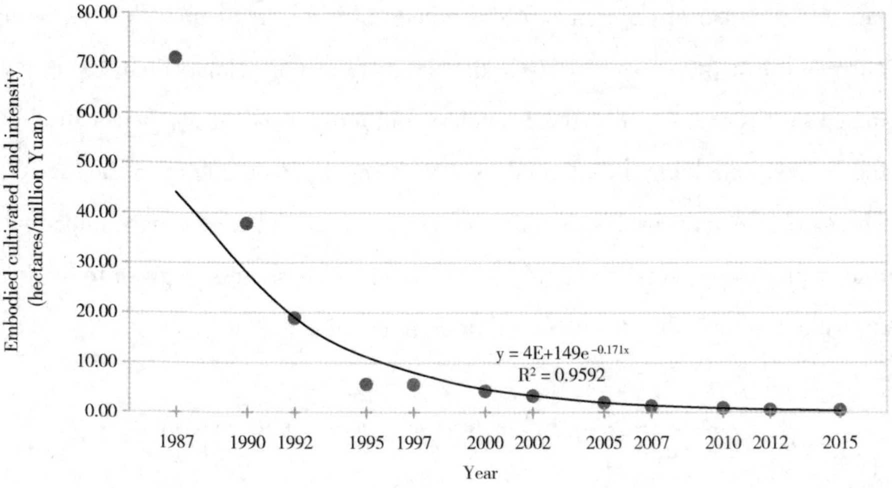

Fig. 4.1 Embodied cultivated land intensity, 1987 – 2015①

Industrial structure analysis is identified as an important aspect in IOA, thus industrial embodied cultivated land intensity changes in China during 1987 – 2015 are shown as Fig. 4.2. In the intra-industry comparison, all the embodied cultivated land intensities of three major industries during the concerned years show downward trends: Embodied cultivated land intensity of primary industry declines greatly from 250.16 to 3.63 hectares/million Yuan, which can be attributed to the improvement of cultivated land use efficiency. By contrast, embodied intensities of secondary and tertiary industries drop slightly from 35.82 to 15.81 hectares/million Yuan and from 0.46 to 0.20

① Note: Revised from Shan Guo's previous studies (the same hereinafter).

hectares/million Yuan, respectively. In the inter-industry comparison, a huge difference of three major industries is shown in 1987, that is, the intensity of primary industry is 5. 98 and 14. 83 times higher than the level of secondary and tertiary industries. But with the agricultural production technical development, the industrial difference of embodied cultivated land intensity has been narrowed over the years. In 2012, the intensity of the primary industry is reduced to the same level as the secondary and tertiary industries, demonstrating the limited improving potential of direct cultivated use efficiency in the future. Therefore, the industrial structure change will play an increasingly important role in protecting cultivated land, and more emphasis should be given to the industrial structure adjustment in policy implications.

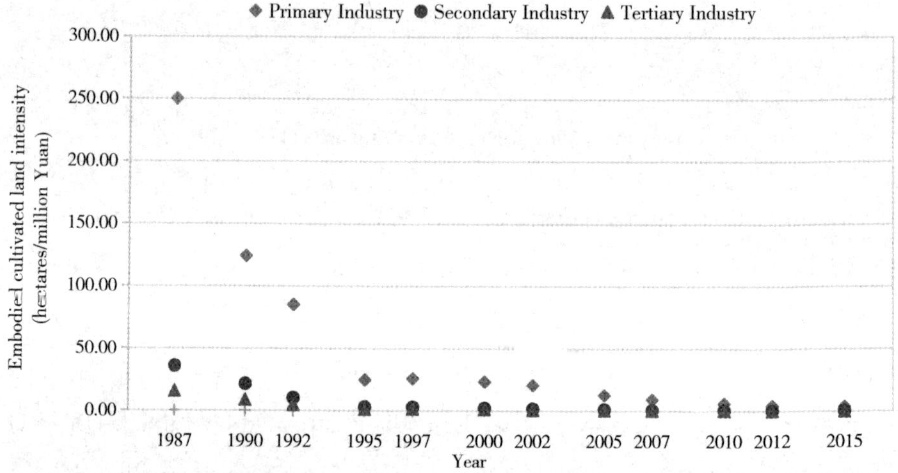

Fig. 4. 2 Embodied cultivated land intensity by three major industries, 1987 – 2015

4.1.2 Temporal Change of Trade Pattern

From the perspective of trade balance, China is consistently a net exporter of cultivated land during 1987 – 2015 (see Fig. 4.3), which demonstrates that China has been a cultivated land supplier for the globalized economy. Despite receiving embodied cultivated land deficit during the whole research period, China's ECLB varies greatly. The minimum ECLB of 2.71 million hectares is obtained in 1995, while the largest two values are received in 2007 and 1990 with 8.06 and 7.84 million hectares. The fluctuation can be attributed to the evolutions of China's international trade system and trade structure. Since the reform and opening up in 1978, the volume of international trade of China continues to climb. In 2003, China overtook the United States and became the largest trading nation in the world. With the increasing net export volume but decreasing embodied cultivated land intensity, the ECLB varies during 1987 – 2015. In the future, China will open itself more widely to the outside world and the trade volume will keep at a high level. Therefore, how to balance the economic and environmental benefits and avoid the cultivated land loss are highly important for the country. Downsizing the cultivated-land-intensive industries scale and adjusting the trade structure are two main factors for relieving the cultivated land use pressures. China's trade structure has changed significantly during the past decades: export structure changed from primary products dominated to manufactured goods dominated in the 1980s, from mainly light industrial and textile products to mainly mechanical and electronic products in the 1990s, and from traditional products to electronics and information technology commodities in the 2000s (IOSC 2013). All these changes follow the cultivated land resource-conserving principle, that is, from cultivated-land-intensive industries dominated to lower-intensity industries dominated.

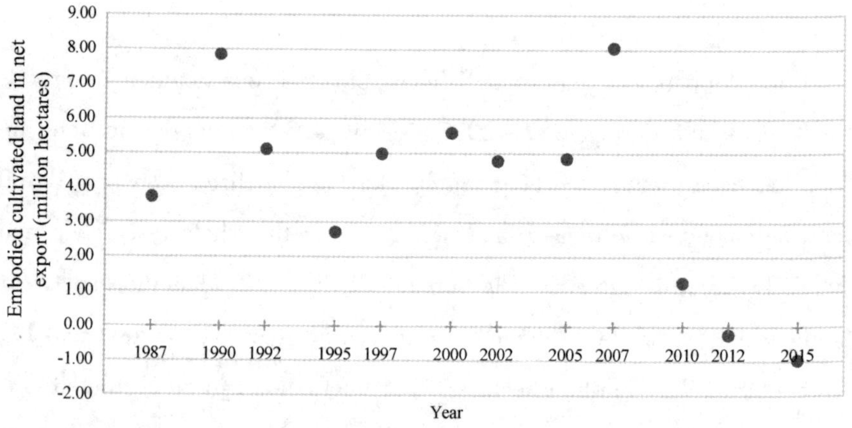

Fig. 4. 3 Embodied cultivated land in trade balance, 1987 – 2015

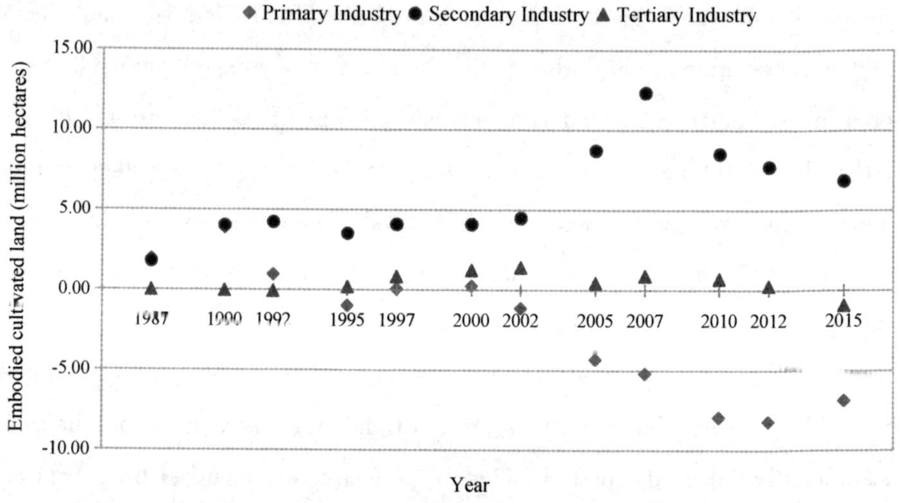

Fig. 4. 4 Embodied cultivated land in trade balance by three major industries, 1987 – 2015

The embodied cultivated land in trade balance of three major industries shows different trends as shown in Fig. 4. 4. Primary industry changes from a net exporter to a net importer during 1987 – 2015 due to food demand growth, domestic and foreign price variance of agricultural product, which make China meets the challenge of agricultural production scarcity and food safety. The embodied cultivated land in net export of the secondary industry increases sharply since 2002, when China entered the World Trade Organization (WTO) and became the "world factory" contributed by the fast-growing manufacturing industry. The tertiary industry keeps a trade balance during the concerned years. To sum up, ECLB's inflection points of the three industries arrive in 1990 and 2002, corresponding with some significant trade policies, such as China's market economy system reform and China's entering WTO.

4.1.3 Consumption-based Embodied Cultivated Land Use

Shown in Fig. 4.5 is the comparison of production-and consumption-based embodied cultivated land during 1987 – 2015. The total cultivated land area in China from the perspective of production sees a modest decrease from 95.89 million hectares in 1987 to 94.97 million hectares in 1995, dropping by 0.12%. The cultivated land has a great increase of 18.39% in the next two years, which might be largely contributed by the change of land statistic system (Zhu 2007). The next decade experiences a moderate downward trend from 129.90 million hectares to 121.74 million hectares. It then increases rapidly, reaching 135.00 million hectares in 2015. Under the stringent cultivated land protection policies made in the 11th Five-Year Plan to retain at least 120 million hectares of cultivated land, Cui and Kattumuri (2011) believe that most of the cultivated land loss during recent years can be attributed to ecological restoration and urban expansion. For example, 58.7% of the abandoned cultivated land lost used for ecological restoration between 1997 and 2008 (Comin

2010). On the other hand, China has entered a period of accelerating urbanization, leading to the changes of industrial structure and corresponding land use pattern, which means the built-up land is also taking up a lot of cultivated land (Chen 2007).

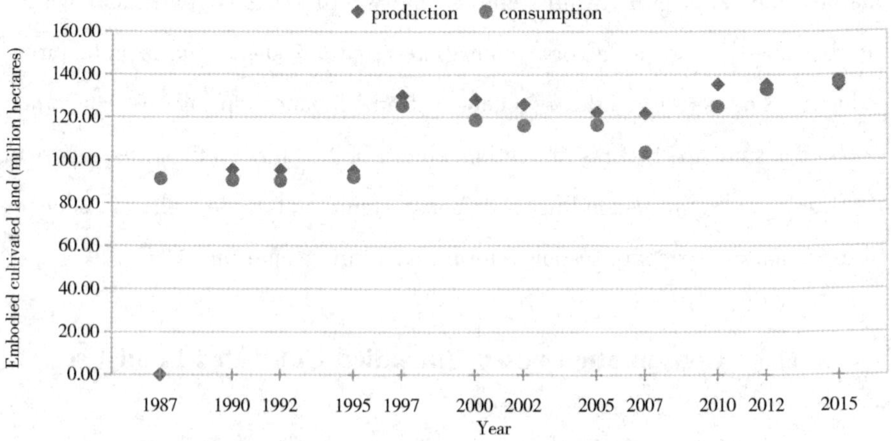

Fig. 4. 5 Production-versus consumption-based embodied cultivated land use, 1987 – 2015

The consumption-based embodied cultivated land shows a similar changing trend: it decreases from 91. 51 million hectares in 1987 to 90. 53 million hectares in 1992, then slightly increases to 92. 26 million hectares in 1995 and sharply increases to 125. 28 million hectares in 1997. After that, it gradually decreases to 103. 60 million hectares in 2007 with the descent rate of 1. 73% per year. It then increases rapidly, reaching 137. 11 million hectares in 2015. However, the cultivated land embodied in consumption is always smaller than the direct cultivated land use within China's territory in 1987 – 2012, and the difference is expanding. This result shows that China has paid a high cultivated land resource cost to satisfy consumption outside its territory. Therefore, corresponding trade policies avoiding the virtual cultivated land resources leakage are required in China based on the consumer responsibility principle. Meanwhile, from the perspective of production principle, China should make great efforts to develop high-tech agriculture and adjust the industrial structure to improve cultivated land use efficiency. Only by the criterion of responsibilities shared both as the producer and the consumer, the cultivated land in China can be protected and exploited to the greatest extent.

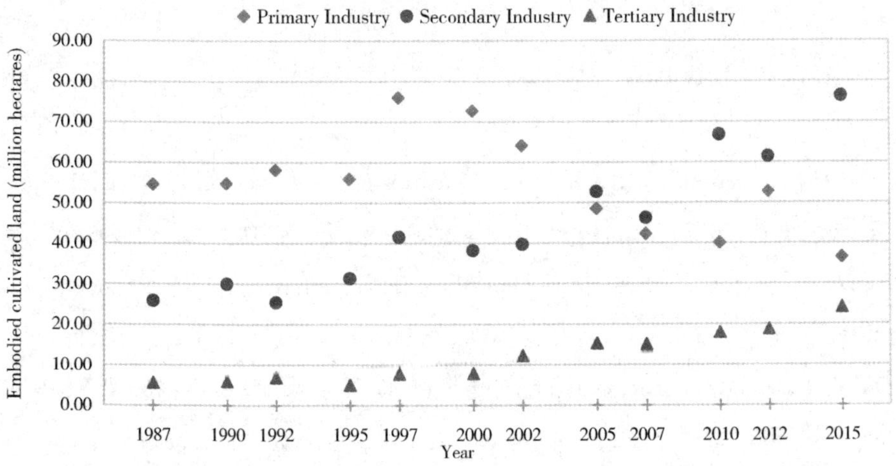

Fig. 4. 6 Consumption-based embodied cultivated land use by three major industries, 1987 – 2015

From the perspective of production, cultivated land resources are all occupied by the agricultural sector. While from the perspective of consumption, cultivated land resources are assigned to all the economic sectors. For the three major industries, primary industry utilizes the largest proportion of ECLC during 1987 – 2002, but ECLC by the secondary industry surpasses the primary industry since 2005 with China's fast process of industrialization and urbanization. The tertiary industry's ECLC increases in fluctuation but still only occupies the smallest resources among these three major industries. The above results imply the consumption of secondary and tertiary industries will have a greater influence on the cultivated land use in China due to the upgrading of domestic industrial structure.

4.2 Industrial Analysis

4.2.1 Intensity

The embodied cultivated land intensities of the 42 sectors (sector information is provided in Appendix Table A1) for China 2015 are presented in Fig. 4.7. Sector 1 (Agriculture) has the highest intensity of 15.95 hectares/million Yuan, followed by Sectors 6 (Food Processing), 7 (Textile Industry) and 31 (Hotels, Catering Service) with intensities of 8.15, 6.24 and 4.71 hectares/million Yuan, respectively. All these four sectors are closely related to necessaries of daily life for residences, i.e., food and clothing, the production of which is highly associated with farm crops. In terms of more aggregated economic level, the average intensity of primary industries (15.95 hectares/million Yuan) is 8 times higher than that of secondary industries (2.01 hectares/million Yuan) and 18 times higher than that of tertiary industries (0.89 hectares/million Yuan). The huge industrial difference shows that industrial structure adjustment has a great influence on cultivated land management in China.

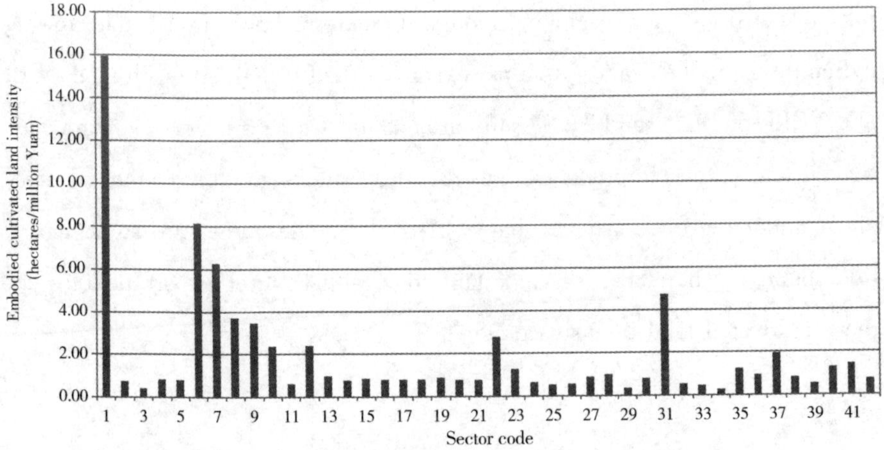

Fig. 4. 7 Embodied cultivated land intensity by sector in 2015

4. 2. 2 Trade

The distribution of embodied cultivated land in trade of the 42 sectors for China 2015 is presented in Fig. 4. 8. For ECLI, the largest importing sector in China is Sector 1 (Agriculture, 8. 33 million hectares), followed by Sectors 6 (Food Processing, 3. 64 million hectares), 12 (Chemical Products, 2. 89 million hectares), and 20 (Instrument Industry, 2 million hectares). With respect to ECLE, Sectors 8 (Garments), 7 (Textile Industry), and 12 (Chemical Products) rank the top three with the values of 4. 12, 3. 50 and 2. 56 million hectares. In terms of the sectoral trade balance, Sector 1 (Agriculture) is the largest net importer of embodied cultivated land in China, while Sector 8 (Garments) is the largest net exporter. Actually, China has entered an era of being a net importer of agricultural products, especially for the three major staple grain crops of wheat, rice, and corn, and the import dependency has a remarkable rising trend in the past 10 years (Xiaoyun 2013). Therefore, China should take responsibility for occupying foreign agriculture land through the growing agricultural product trade. As a net exporter of cultivated land with total ECLI and ECLE of 19.92 and 27.97 million hectares, China transfers too many cultivated-land-intensive products, e.g., textile products, to other countries, especially under the circumstance that cultivated land resources are so scarce in this country. Therefore, it's important to establish strict export policies for these cultivated-land-intensive products.

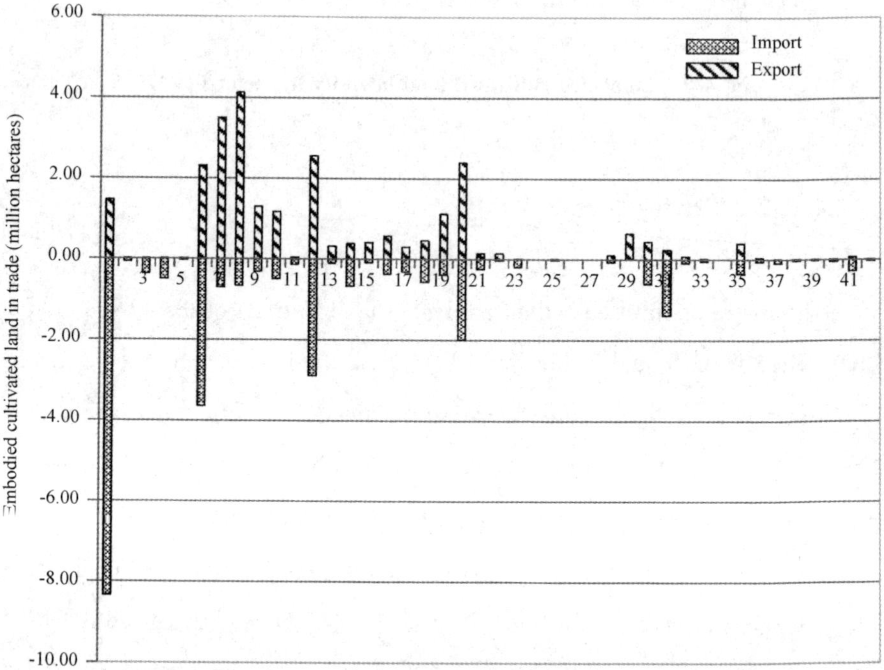

Fig. 4.8 Embodied cultivated land in trade by sector in 2015

4.2.3 Consumption

Shown in Fig. 4.9 is ECLC of the 42 sectors for China 2015. Sectors 1 (Agriculture) and 6 (Food Processing) embody the first and second largest volumes of cultivated land with 36.53 and 36.84 million hectares, mainly attributed to household consumption to meet the increasing food demand. Sector 28 (Construction) provides the third largest embodied cultivated land of 18.02 million hectares due to its significant fixed capital investment, even though the sector has a very low embodied cultivated land intensity of 1.01 hectares/thousand Yuan. Sector 31 (Hotels, Catering Service) also accounts for considerable ECLC, which is mainly contributed by urban household consumption of food in restaurants.

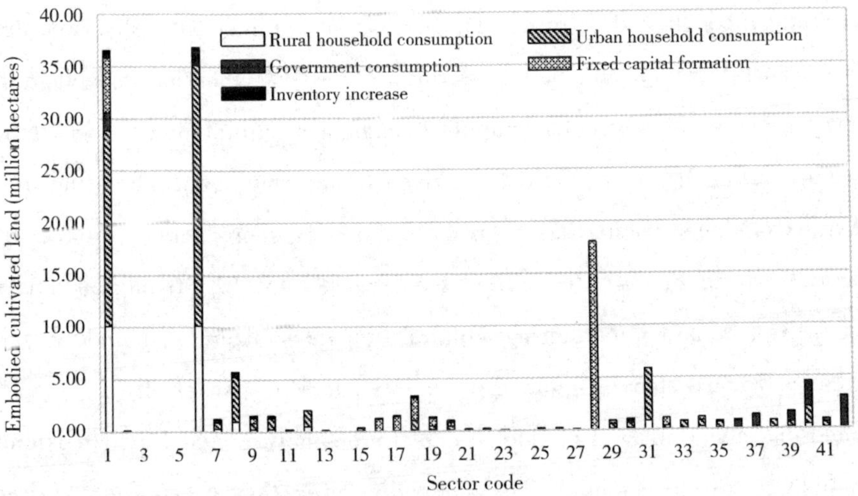

Fig. 4.9 Embodied cultivated land in consumption by sector in 2015

4.3 Discussions and Policy Implications

4.3.1 Discussions

Demographic pressure and increasing competition for land in China are likely to increase vulnerability to food security. This study illustrates the embodied cultivated land use in China to meet the requirements of domestic consumption and international trade during 1987 – 2015. Cultivated land area coupled with agricultural products should be of concern when facing a severe food security situation. Fig. 4.10 compares the output of major agricultural products and the responding cultivated land area to illustrate the linkage of agricultural products and cultivated land resources. China's cultivated land area has a general trend of fluctuations during 1987 – 1997, then it levels off in the next ten years. However, the output of major agricultural products increases steadily during 1987 – 2007, mainly driven by the significant increasing trend of fruits products. China has been the largest fruits production country with the yield rising from 16.68 million tons in 1987 to 181.36 million tons in 2007. As the most important agricultural crops, cereal crops, including rice, wheat, and maize, have a relatively steady yield. Grassini et al. (2013) estimated that about 30% of the global cereal crops have reached their maximum possible crop yield potential. The production proportion of cereal crops drops from 39.29% to 23.34% during 1987 – 2007 followed by the growth of other agricultural production.

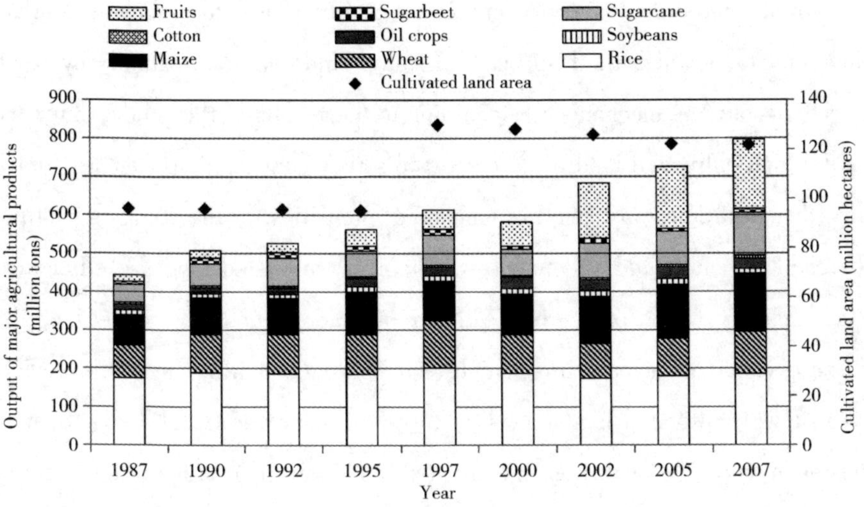

Fig. 4. 10 Output of major agricultural products and cultivated land area change, 1987 – 2007

4. 3. 2 Policy Implications

According to the industrial analysis of embodied cultivated land in this study, it's necessary and important to establish the shared responsibility criterion in all the industries for cultivated land conservation. The obligation of cultivated-land-intensive industries is to improve land utilization efficiency by means of technical development and resources reallocation. For example, agricultural mechanization and automation are highly instrumental in the effective use of cultivated land in Sector 1 (Agriculture). Yet industries with lower cultivated land intensity are to make a greater contribution to consumption and trade activities. More export products from high-tech and service industries occupying less cultivated land resources are very helpful to restrict the outflow of cultivated land resources from China.

In order to provide a consistent data supporting basis for policy making, it's important to establish the historical cultivated land database regularly by an effective accounting mechanism. According to the results of this study, China has paid a high cultivated land resource cost to satisfy consumption outside its territory, though a downward trend of embodied intensities for the 20 years confirms the country's effort and effectiveness to improve cultivated land use efficiency. Encouragingly, China places high priority on trade structural change, i. e., increasing export of manufactured, high-tech products such as electronic devices (with lower cultivated land intensity) to replace the traditional, low-end products such as textile (with higher cultivated land intensity), which is beneficial to balance the economic and environment benefits and avoid cultivated land loss.

Our attempt to evaluate China's cultivated land use during 1987 – 2015 has several limitations. First, this study tries to analyze China's overall cultivated land resources, which are aggregated into only one sector (Agriculture Sector) but not separated into different sectors based on the cultivated land use types due to the data availability. Therefore, the embodied cultivated land intensities of different agricultural products are equal since they derive from the same industrial sector. However, to facilitate a better examination of China's cultivated land protection policies, a much more detailed understanding of various cultivated land use types for different agricultural products in China requires further research. Second, as in conventional input-output studies, it is assumed that imported commodities have the same embodied cultivated land intensities as domestic ones due to the limitation of import intensity data, though the imported commodities show a substantial difference from domestic ones (Weber, Peters et al. 2008). Third, different sector classifications from different original input-output data sources are used in this study, which impedes detailed sectoral comparison. Sector consistency is required if a comparative study is conducted (Su, Huang et al. 2010). But the corresponding error will be generated due to different sector classifications in China's original IO tables. However, this research focuses on the comparison of China's overall cultivated land change, which is not sensitive to the level of sector classification. Therefore, this study doesn't consider sector classifications difference and sector aggregation or disaggregation. If the sector aggregation or disaggregation is considered in this study, additional sector aggregation or disaggregation error also needs to be analyzed. Fourth, China's land statistic system was set up in 1987, since then, the statistic procedures have experienced three stages: before 1996, information was collected from year-round survey from Jan 1st to Dec 31st; then during 1996 – 2006, the survey was adjusted to cover from only Mar 1st to Oct 31st of a year; since 2007, the survey was reverted to the initial year-round standard (Wang, Chen et al. 2012, Jiang 2013). The change in the land data collection procedures has a negative impact on data quality and consistency, which increases difficulties for time-serial study. However, as land use pattern is comparatively stable during a year at the national scale, the data discrepancy introduced from collection procedure changes is considered to be acceptable for this study. Last but not least, this study applies national GDP deflators to adjust price change instead of using other price indicators. It should be noticed that price change during the research period varies from sectors to sectors and thus a more detailed sectoral price level indicators can portray such variation more precisely. However, due to data limitation the sectoral level price indicator is not available in this study.

4.4 Chapter Summary

The evolution of China's cultivated land use policies is closely related to the economic and social changes and has shown different features in different periods. Before the reform and opening up in China, the cultivated land use policy subordinated to the planned economy policy. The land tenure system was established to separate ownership and use right in the 1980s (Wang, Chen et al. 2012). Associated with the land tenure system, a series of laws and regulations were promulgated, including Agriculture Law, Land Management Law, Water and Soil Conservation Law, Equilibrium of Requisition-Compensation of Cultivated Land, etc. (Yang and Li 2000). Afterward, the 11th Five-Year Plan set a goal that "the total area of cultivated land in China stays above the 'red line' of 120 million hectares", which is the bottom-line area of cultivated land in China (Cui and Kattumuri 2011). In addition, the marketization of land resources has been initiated based on the "double maintenance policy-making strategy" of maintaining economic development and land resources conservation (Wang, Chen et al. 2012). To fully realize land marketization and balance better demand and supply of cultivated land, it's necessary to know the economic driving forces of cultivated land use.

During recent years, the issue of cultivated land conservation in China is becoming more and more important owing to the increasing food demand, the expansion of biofuel production, and especially, the rapid urbanization. For example, the urban areas of China increased by almost 25% during the 1990s, resulted in a massive cultivated land loss (Jiang, Deng et al. 2013). Acknowledging the scarcity of cultivated land in China, studies on how cultivated land in China are distributed to meet the requirements of consumption and trade based on IOA are relatively few. Under these circumstances, an ecological input-output modeling is carried out in China to analyze the cultivated land embodied in domestic consumption and international trade in 2015 with sectoral details. Further, to identify the factors influencing China's embodied cultivated land resources utilization, a temporal simulation of ECLP, ECLC, ECLI, and ECLE during 1987 – 2015 is conducted. Specific results are as follows:

(1) Sectoral analysis of China's embodied cultivated land use

With regards to China's cultivated land in 2015, Sector 1 (Agriculture) has the highest embodied intensity of 15.95 hectares/million Yuan, followed by Sectors 6 (Food Processing), 7 (Textile Industry), and 31 (Hotels, Catering Service), which are all closely related to residents' daily lives. Based on the intensity database, the sectoral distributions of cultivated land embodied in trade and consumption are presented. Sector 1 (Agriculture) is the largest net embodied cultivated land importing sector of China due to its high dependency of foreign agricultural products, while Sector 8 (Garments) is the largest net exporter since China is the largest producer and exporter of textile. Sectors 1 (Agriculture) and 6 (Food Processing) have the largest ECLCs with 36.53 and 36.84 million hectares to meet the household food demand.

(2) Temporal analysis of China's embodied cultivated land use

China's embodied cultivated land intensities during the 1987 – 2015 show a downward trend, declining from 71.17 to 0.54 hectares/million Yuan, showing China's effort and effectiveness to improve the cultivated land use efficiency. Despite receiving embodied cultivated land deficit during the whole research period, China's ECLB varies greatly. The minimum ECLB of 2.71 million hectares is obtained in 1995, while the largest two values are received in 2007 and 1990 with 8.06 and 7.84 million hectares, which are closely related to the evolutions of China's international trade system and trade structure. The production-and consumption-based cultivated land use patterns show similar shape trends: changes moderately during 1987 – 1995 and 1997 – 2007 but has a sudden rise in 1995 – 1997 and 2007 – 2015.

Chapter 5 Virtual Pasture Land Use

5. 1 Time Series Analysis

5. 1. 1 Temporal Change in Efficiency

Fig. 5. 1 shows the embodied pasture land intensities between 2000 and 2015. The embodied intensities during the 15-year periodgenerally show a downward trend, which declines from 22. 53 hectares/million Yuan to 2. 24 hectares/million Yuan. However, the average annual decrement rate decreases from 2. 37 hectares/million Yuan to 0. 12 hectares/million Yuan. It is expected that the potential of increasing efficiency through pasture land protection is moderately limited in the future. Therefore, there is a great challenge for the Chinese government to develop a sustainable pasture land management mode considering trade and consumption structure upgrade.

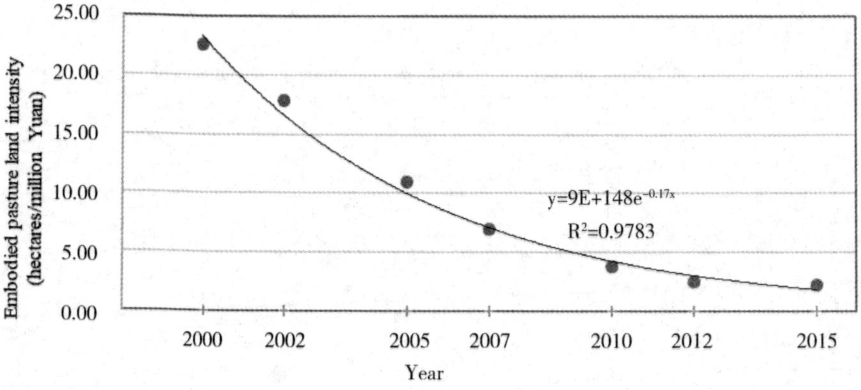

Fig 5.1　Embodied pasture land intensity, 2000 – 2015①

The changes in sectoral embodied pasture land intensity in China in 2000 – 2015 are illustrated in Fig. 5. 2. This indicates that the embodied pasture land intensity of the primary industry declines substantially from 123. 90 hectares/million Yuan to 15. 01 hectares/million Yuan. This reduction can be attributed to the improved efficiency associated with pasture land use of the livestock industry. The embodied pasture land intensities of the secondary and tertiary industries are significantly low, decreasing slightly from 12. 13 hectares/million Yuan to 1. 89 hectares/million Yuan and from 7. 35 hectares/million Yuan to 0. 84 hectares/million Yuan. The intra-industry comparison reveals that the three major industries significantly differ in 2000. The variance decreases in the following years mainly because of the technical innovations adopted by the livestock industry. These new technologies substantially increase the efficiency of China's pasture land use in the livestock industry. However, the reduction in the secondary and tertiary industries is limited.

① Note: Revised from Shan Guo's previous studies (the same hereinafter).

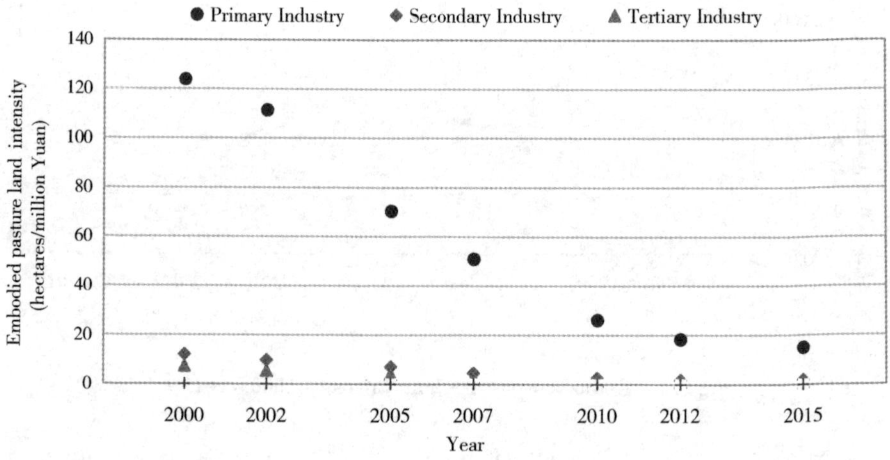

Fig. 5. 2 Embodied pasture land intensity by three major industries, 2000 – 2015

5. 1. 2 Temporal Change in Trade Pattern

Considering the temporal change in trade pattern, China is a net exporter of pasture land in 2000 – 2010 (as shown in Fig. 5. 3), thus demonstrating that China is a pasture land supplier for the globalized economy. China's EPLB significantly varies in 2000 – 2010, and the largest EPLB of 17. 24 million hectares is obtained in 2007. The fluctuation is likely due to the change in China's international trade pattern, particularly for dairy products. Nevertheless, this instability reached a trade balance position in 2012, and China became a net importer in 2015, as the import of dairy products had been increasing at an annual increasing rate of 42% since 2009.

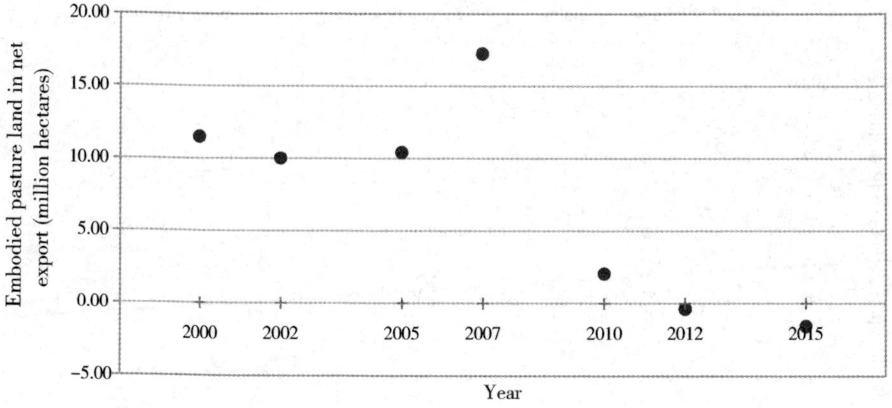

Fig. 5. 3 Embodied pasture land in trade balance, 2000 – 2015

The embodied pasture land in trade for three main industries demonstrates a large difference as shown in Fig. 5. 4. The changing trend of embodied pasture land in trade by three main industries is similar to that of pasture land: the primary industry was a net exporter in 2000, and changed to a net importer during 2002 – 2015 because of the high demand for dairy products brought about by rapid urbanization, rising incomes, and westernization of diets. Embodied pasture land in net export of secondary industry sharply rose from 2002 to 2007, and then it significantly decreases after 2007. This phenomenon can be attributed to the fast industrialization of China and a large number of exports of manufactured goods. However, the environment-friendly manufactured products are currently undergoing an encouraging reduction in the secondary industry's net export. The tertiary industry maintains a trade balance during the concerned years, and this balance can be attributed to its property of not being a pasture resource-intensive industry.

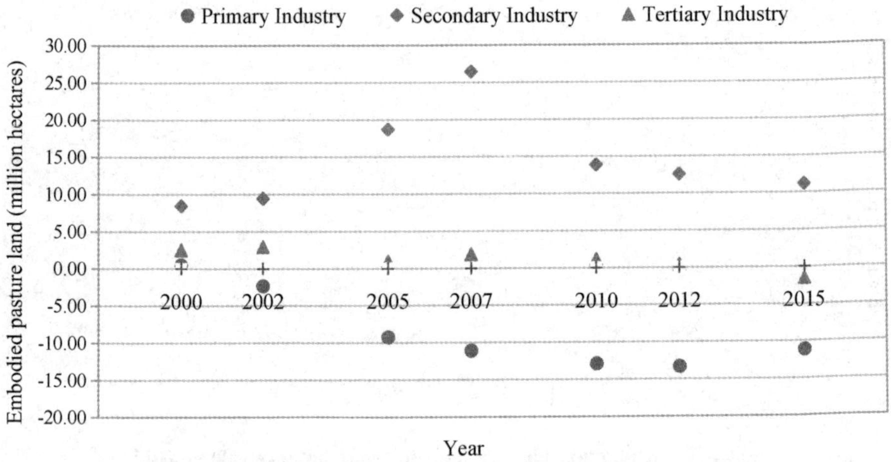

Fig. 5.4 Embodied pasture land in trade by three main industries, 2000 – 2015

5.1.3 Consumption-based Embodied Pasture Land Use

The production-based and consumption-based embodied pasture land in 2000 – 2015 is presented in Fig. 5.5. The pasture land area in China decreases by 16.84% from the 2000 year (263.85 million hectares) to the 2015 year (219.42 million hectares). China's pasture area is an important driving factor, which makes China the fourth largest producer of cattle and the largest producer of sheep (Wirsenius, Azar et al. 2010, CAY 2018). The Chinese government has formulated a variety of programs to prevent grass degradation.

The consumption-based embodied pasture land flows slightly icreases from the 2000 year (244.27 million hectares) to the 2005 year (262.15 million hectares), then it sharply decreases in the 2010 year (202.81 million hectares), and it slightly increases in 2015 (222.85 million hectares). The change is mainly attributed to the structural adjustment of consumption and the trading of dairy products. The consumption-based pasture land use is basically smaller than the production – based pasture land use in 2000 – 2015, but the trade balance could be observed in 2005, 2012 and 2015. This suggests that China has suffered the consequences for paying a high pasture land resource cost to satisfy consumption outside its boundary previously. However, with great efforts in protecting the environment and ecology, we expect that the situation of sacrificing resources will be alleviated significantly.

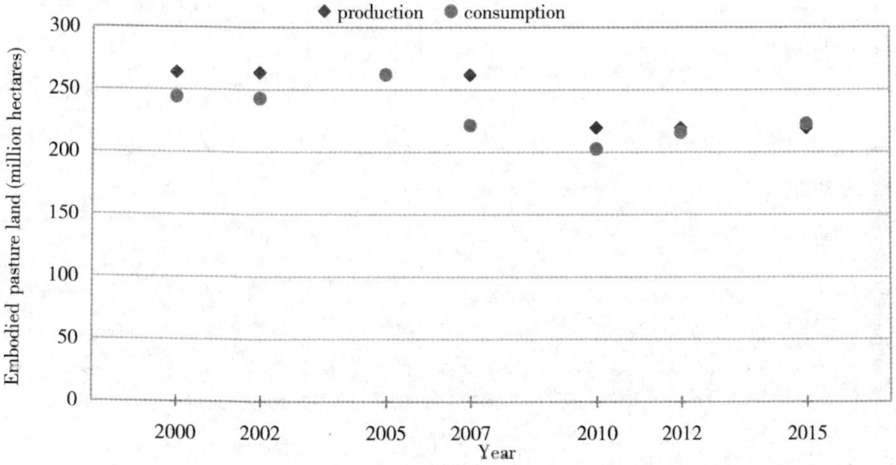

Fig. 5. 5 Production-based versus consumption – based embodied pasture land use, 2000 – 2015

From the perspective of consumption (see Fig. 5. 6), the primary industry takes advantage of the largest EPLC in 2000 – 2002. However, EPLC by the secondary industry overtakes the primary industry in 2005 because of China's rapid urbanization process. Beginning in 2010, the secondary industry decreases and the primary industry starts to increase. This phenomenon may be attributed to the increasing demand for dairy products caused by the rising incomes and westernization of diets. The tertiary industry's (or service industry's) EPLC shows a fluctuation in growth, but there is a gap between the tertiary industry and the primary and secondary industries. Service industries are often regarded as "non-material" and "environment-friendly" (Smith 2005, Fourcroy, Gallouj et al. 2012), but they still occupy pasture land indirectly through interregional trade (Ge and Lei 2014). They would be paid more attentions in the future with the development of service industries, though there is still a gap between the service industry and other industries.

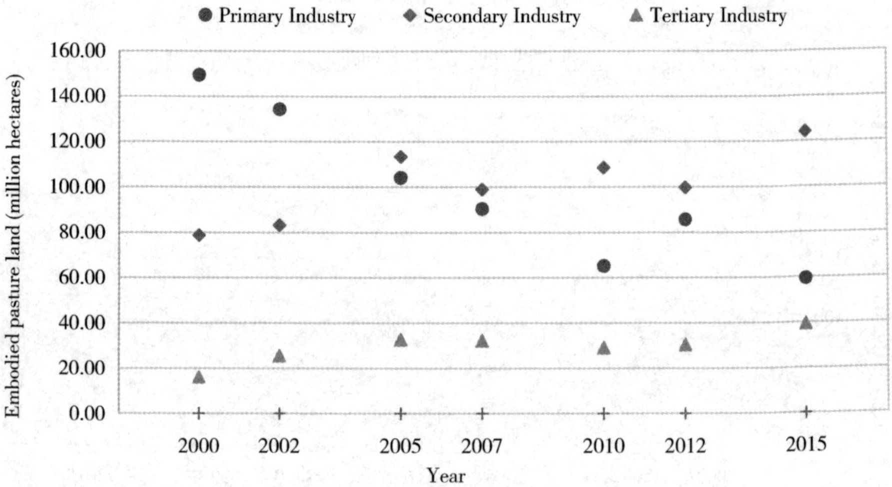

Fig. 5. 6 Consumption-based embodied pasture land use by three major industries, 2000 – 2015

5. 2 Industrial Analysis

5. 2. 1 Intensity

Fig. 5. 7 presents the industrial embodied pasture land intensities in China in 2015. The detailed sectoral or industrial classification is displayed in

Table A1. The largest embodied pasture land intensity appears in Sector 1 (Agriculture) with the value of 25.93 hectares/million Yuan, followed by Sectors 6 (Food Processing), 7 (Textile Industry), and 31 (Hotels, Catering Service) with the intensities of 13.24, 10.15, and 7.66 hectares/million Yuan. These four sectors are directly bound up with the necessities of daily living and are highly correlated with dairy products. The average pasture land intensity of primary industry is 8 times greater than that of secondary industry and 18 times greater than that of tertiary industry. The enormous between-industry difference indicates that the industrial and consumption structure adjustments significantly impact the sustainable pasture land use management in China.

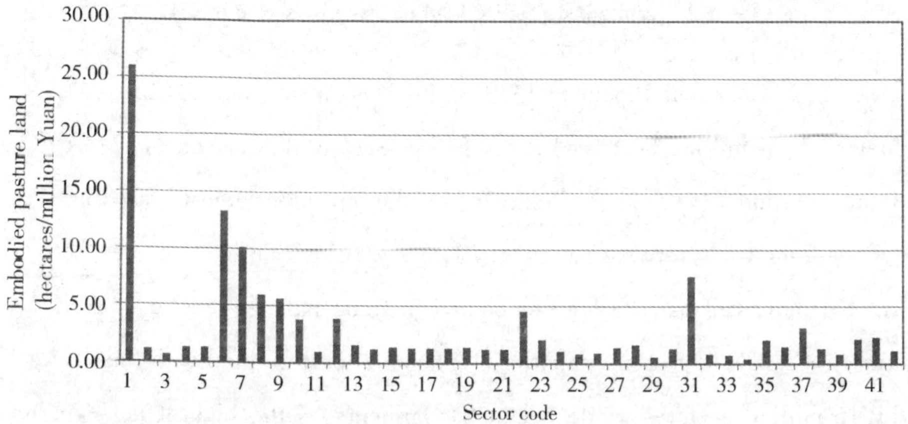

Fig. 5.7 Embodied pasture land intensity by sector in 2015

5.2.2 Trade

Fig. 5.8 presents China's embodied pasture land distribution in trade in 2015. For EPLI, Sector 1 (Agriculture) imports the largest pasture land (13.54 million hectares), followed by Sectors 6 (Food Processing, 5.91 million hec-

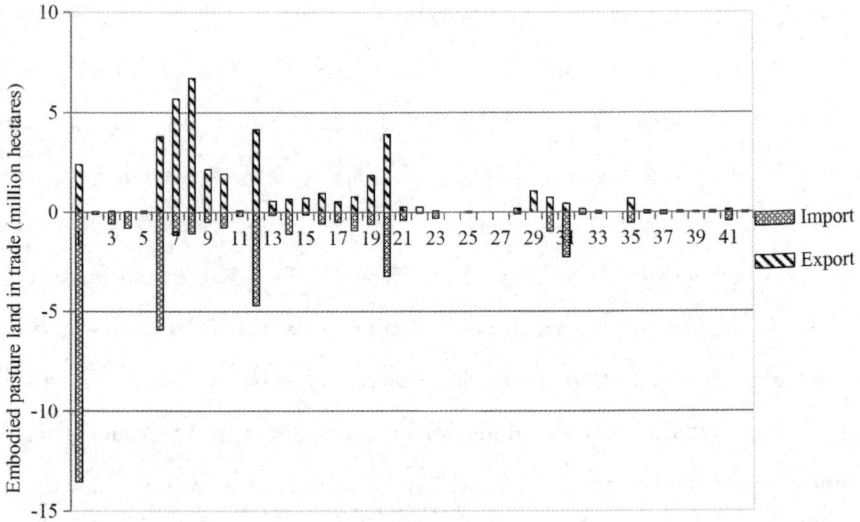

Fig. 5. 8 Embodied pasture land in trade by sector in 2015

tares), 12 (Chemical Products, 4. 70 million hectares), and 20 (Instruments, Meters, 3. 24 million hectares). For EPLE, Sectors 8 (Garments), 7 (Textile Industry), and 12 (Chemical Products) are the top three largest importing sectors with the trade values of 6. 79, 5. 70, and 4. 16 million hectares, respectively. For industrial pasture land embodied in trade balance, Sector 1 (Agriculture) is China's largest net importer of embodied pasture land with the value of 11. 16 million hectares, while Sector 8 (Garments) is the highest net exporter with the value of 5. 64 million hectares. In the past decade (2000 – 2010), China constantly played the role of the net exporter, as it transferred many pasture land – intensive products (like dairy products). Notably, China became a net importer of pasture land in 2015 (EPLI of 40. 55 million hectares, and EPLE of 42. 11 million hectares). This suggests that the country has entered the period of becoming a net importer of pasture land, and it should bear responsibility for occupying the pasture land in other international regions.

5.2.3 Consumption

EPLC of the 42 sectors of China in 2015 is shown in Fig. 5.9. Sectors 1 (Agriculture) and 6 (Food Processing) have the first and second largest embodied pasture land in consumption with the values of 59.37 and 59.88 million hectares, respectively. These great volumes are attributed to increasing food demand considering that pasture land can also support the production of dairy products. Sector 28 (Construction) embodies the third largest volumes of pasture land of 29.30 million hectares due to its huge fixed capital investment, which requires a large number of resources despite this sector's low embodied pasture land intensity of 0.16 hectares/thousand Yuan. In the meantime, Sector 31 (Hotels, Catering Service) shows a massive EPLC with the value of 9.53 million hectares, which can be mainly attributed to urban household consumption of dairy products.

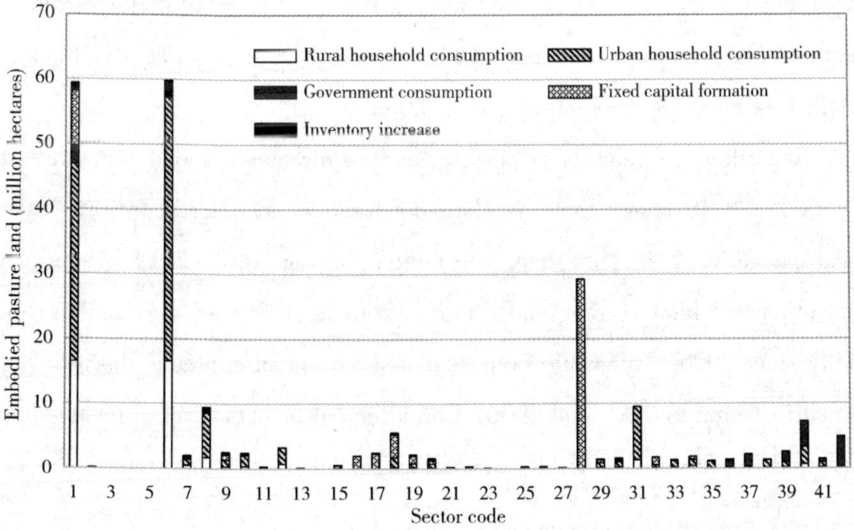

Fig. 5.9 Embodied pasture land in consumption by sector in 2015

5.3 Discussions and Policy Implications

5.3.1 The Impact of Dietary Changes Associated with Urbanization on China's Pasture Land Use

Urbanization leads to changes in dietetic consumption structure in China, which will then increase the stress on China's food production chain (Satterthwaite, McGranahan et al. 2010, Seto and Ramankutty 2016). With China's rapid urbanization, the residents' dietary changes become the main incentive to land demands for cereal planting (Pingali 2007).

Dietetic consumption structure has a significant change in China, especially with an increase of meat, eggs and dairy products (Popkin 1999, Delgado 2003, Popkin and Du 2003). Considering that the changing dietary structure requires much more pasture land, China's pasture land demands are likely to result in a significant increase in the future.

Regarding the relation of pasture land requirements and diet requires in China, Fig. 5.10 shows that the changing trend of food trade by three main meat categories, i. e., pork, beef, and mutton, during 2001 – 2015 is similar to that of pasture land: China tended to import more pork, beef, and mutton especially since 2006. This could be contributed by animal epidemic diseases happened in China in 2005 and 2006. China tended to import more pasture land as rapid urbanization, or as westernization of diets and rising incomes since 2006.

With increased demands for animal food, like pork, beef, and mutton, un-

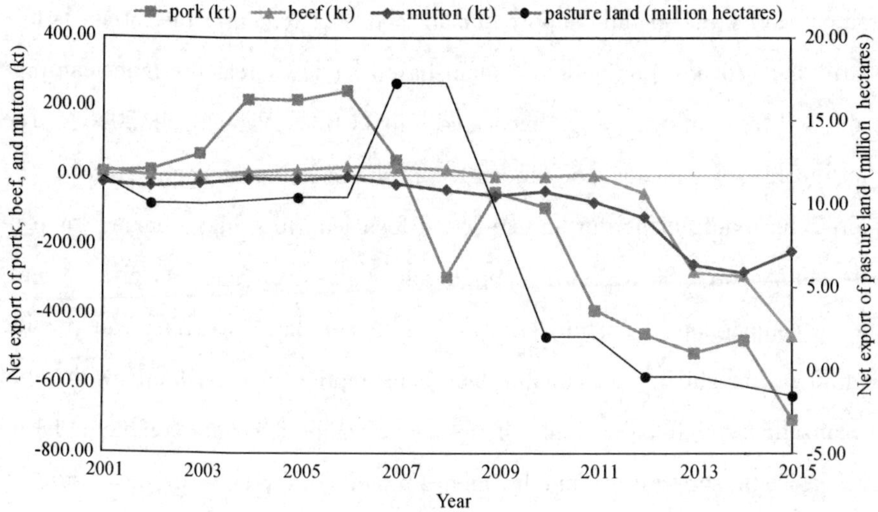

Fig. 5. 10 Net export of pasture land, pork, beef, and mutton

derstanding how the pasture land is supplied and distributed to meet the consumption requirements in urban China becomes increasingly important. This study provides new insight into China's pasture land resource usage and allocation in the context of globalization and urbanization. Future research may further explore the relationship among the change in China's food consumption patterns, pasture land requirements for food production, and global pasture land supply network. The difficulty is to assess or determine the proper livestock conversion efficiency of meat to grass and to pasture land. The livestock conversion efficiency of pork, meat, and button to grass and to pasture land is different.

5. 3. 2 Comparison of China's Virtual Cultivated and Pasture Land Use

Cultivated land and pasture land are the two important agricultural land use categories that mainly supply human food requirements; the former is primarily used for the production of plant-based food, whereas the latter can provide food from animals (e. g., meat and milk) (Röös, Patel et al. 2016). The diet in China has changed significantly with its booming economic growth. The increasing requirements for animal-based food lead to a high demand for pasture land to produce a growing population of livestock, such as pigs. Therefore, a comparison of pasture land and cultivated land in China can provide significant insight into sustainable food consumption in the country with rapid urbanization and globalization. The following comparisons are conducted based on consistent supporting data by analyzing the differences in the results of chapter 4 and 5.

The changing patterns of cultivated land and pasture land are similar based on the time series analysis. The land-use intensities of embodied cultivated and pasture land in China during the periods of 1987 – 2015 and 2000 – 2015 exhibited a downward trend. In terms of trade balance, embodied cultivated and pasture land varied considerably during the concerned period, with the highest values obtained in 2007. The fluctuation is closely associated with the evolution of the international agricultural trade structure of China. Despite the observed structural similarity between embodied cultivated and pasture land in the trade sector, embodied pasture land in the import and export sectors are nearly twice the embodied cultivated land.

In terms of industrial analysis, the changing sectoral trends of cultivated and pasture land are similar. Sector 1 (agriculture) achieves the highest intensity. Industries that provide basic necessities, including clothing, food, shelter, and transportation, consume a large amount of cultivated and pasture land resources. In addition, Sector 1 (agriculture) imports the largest embodied cultivated and pasture land in China, while Sector 8 (garments) exports the largest embodied cultivated and pasture land. However, the value of these indicators for pasture land is nearly twice that for cultivated land in terms of quantity. The contrasting results demonstrate that Chinese dietary practices tend to require a significant amount of animal products. The consumption of food that exerts considerable demands on pasture land should be evaluated in future studies.

5.3.3 Limitations of This Study

This study, which aims to evaluate embodied pasture land use in China during the period of 2000 – 2015, has several limitations. First, it intends to analyze embodied pasture land use in China by sector. However, pasture land is directly aggregated into only the agriculture sector and is not divided into various sectors according to different types of agricultural activities due to limited data. Derived from the same sector, the embodied pasture land intensities for various agricultural products are equal. However, for effective formulation and implementation of policies on pasture land protection in China, an in-depth understanding of pasture land use for different agricultural and animal husbandry products is necessary. Second, with regard to conventional IO studies, imported commodities are assumed to have the same embodied pasture land use intensities as those of domestic commodities because of data restriction. However, imported commodities can exhibit great differences from domestic commodities (Weber, Peters et al. 2008). To increase the reliability of results, the multi-scale input-output model will be used in future studies combining more available international trading databases. Third, the total land area is fixed and various land use types compete for the same land. Thus the competition relationship between pasture land and other land use types should be discussed. However, the nexus of various land use categories is of significance because of their close relations. The limited studies and materials concerning attributes of various land use categories become the major limiting factors of exploring the linkages among various land use categories. Forth, further studies will take a systematic consideration of synergistic programs for ensuring sustainable land and water management practices, which are more effective than the single-objective program in this study. This will suggest international cooperation on various ecosystem service initiatives to explore global sustainable development.

5.3.4 Policy Implications

Pasture land is used for grazing to raise livestock for meat, dairy, and other animal products. Livestock grazing is the major driver of the serious degradation and deterioration of grasslands in China during the past three decades (Yu, Liu et al. 2011). Intensive grazing has a detrimental effect on soil physical quality, and may further destroy the ecological balance.

The Chinese government has implemented a large number of pasture land protection policies from different perspectives. China has set the "red line" of ecological protection to achieve its total control for national pasture land since 2012. In October 2018, Ministry of Ecology and Environment of the People's Republic of China promised that China's ecological protection areas will reach 25% of the total national areas by 2020. To achieve this objective, a series of detailed measures for the land resources registration and statistics have been established to help statistically accounting of land resources. Besides, the central government has established ecological protection grants and incentives for pasture land since 2011. Pasture land ecological protection was taken into account when evaluating government performance, which provided an effective incentive for local governments. All these public policies show the Chinese government's determination and efforts in improving the ecological situation of pasture lands.

To achieve these government objectives, specific measures are proposed and suggested from the production perspective, such as planting technology. The use of appropriate plants and grazing systems based on the local climatic and soil conditions is encouraged as direct ecological protection strategies. However, this study finds that direct pasture land protection strategies are insufficiently effective for protecting pasture land in China, since the regional displacement of pasture land use takes place along with the economic globalization. Domestic and international trade will redistribute the ecological impacts of local government policies. To avoid the leakage of local policy effects on pasture land, industrial and trade structure adjustments are considerably more effective for establishing systematic protection strategies for pasture lands in China under the background of globalization. Many scholars explore the effect of globalization on land use change, which shows that globalization has become the main driver to achieve sustainable land use(Lambin and Meyfroidt 2011).

Actually, the Chinese government has demonstrated the relevant policy directions. As the executive body of China's highest organ, the State Council's advice on "strengthening ecological environmental protection and pollution prevention" (short for "advise") indicated that the industrial structure, mode of production, and lifestyle should be changed to be more sustainable, which is the key point to make a fundamental turn for China's ecological environment until 2035. This study provides a theoretical basis, data supporting system, and specific policy approaches to implement this "advice". Several policy directions and suggestions are listed below.

(1) This study provides a scientific foundation for the Chinese government to achieve sustainable development from a macro perspective by adjusting its international cooperation strategies and foreign trade policies. According to our calculated results shown in Fig. 5. 1 and Fig. 5. 3, China has paid a high cost in pasture land resources to fulfill consumption beyond its territory, although the decreasing trend of embodied pasture land use intensities during the selected 15-year period confirms the effort of the country in improving pasture land use efficiency through various institutional and technical approaches. This proves that the spatial spillover of local policy effects will occur to alleviate the country's efforts. Therefore, international or regional cooperation should be emphasized to avoid the cross-border transfer of embodied pasture land. In fact, this initiative is implied in the global sustainable development goal (SDG), which was put forward in Rio + 20 in 2012.

(2) The detailed industrial analysis in this study provides the orientation of industrial structure adjustment. As China's largest net exporter of embodied pasture land, Sector 8 (Garments) should be paid close attention: The policy decision-making should be involved from both the production and consumption views, like performing cooperate social responsibility (CSR) on the sustainability of garment enterprises and guiding the sustainable household clothing consumption pattern. Export restrictions on industries that require the intensive use of pasture land and export incentive policies on high-tech and eco-friendly industries are recommended based on the results of this study. The pasture land use intensities of 42 sectors have been displayed in Fig. 5. 7, which could be used to recognize the industries with intensive pasture land use.

All in all, this study established a historical pasture land database of China through an effective land use accounting mechanism, which is important in sustainable policymaking. A fundamental understanding of the historical embodied pasture land use trend of China in a globalized network for policymakers is a significant issue in national food safety, ecological safety, and sustainable land use, particularly under the background of globalization.

5.4 Chapter Summary

In the context of urbanization, globalization, and industrialization, China is experiencing substantial land use changes that are correlated with its economic network (Wu, Shan et al. 2017). Approximately 28% of the total land area of China, which covers nearly 4 million km^2, is used as pasture land (Ni 2002). Pasture land is of great importance in livestock production, and water and soil conservation. However, pasture land degradation is aggravated and has become a serious issue in China (Zhang, Yu et al. 2007). Rapid urbanization during the recent twenty years in China has led to significant changes in tastes, lifestyles, and food markets, which may lead to a large increase in pasture land requirements in the future (Popkin and Du 2003).

Studies on how China's pasture land is utilized sustainably under the background of globalization are necessary, given that they acknowledge the importance of pasture land in China and their associated major problems. To fill the research gap, this study analyzes embodied pasture land use in China in terms of domestic consumption and international trade in view of IOA in order to provide insights on sustainable pasture land use. In particular, a comprehensive time series analysis of embodied pasture land use in China during the period of 2000 – 2015 and a detailed industrial analysis for 2015 are conducted. This study can facilitate the Chinese government to identify the real factors that influence sustainable pasture land use in China in the context of globalization. Further studies will assess the related policy implications considering international trade. The specific results are as follows.

(1) Time series analysis of embodied pasture land use in China

China's embodied pasture land intensities in 2000 – 2015 display a downswing, decreasing from 22.53 to 2.24 hectares/thousand Yuan. China is a net exporter of pasture land in 2000 – 2015. Embodied pasture land in trade balance varies substantially during the study period, and the largest value (17.24 million hectares) is obtained in 2007. The fluctuation is closely related to the evolution associated with international agricultural trade structure in China. The change in consumption-based embodied land use is not highly significant during the study period. The consumption-based embodied pasture land varies between 202.81 and 262.15 million hectares.

(2) Sectoral analysis of embodied pasture land use in China

Sector 1 (Agriculture) has the largest intensity, and the other sectors with high intensities, including Sectors 6 (Food Processing), 7 (Textile Industry), and 31 (Hotels, Catering Service), are closely associated with the necessities of daily living. In the three agricultural land use categories, Sector 1 (Agriculture) is China's highest net importer of embodied pasture land, with the value of 13.54 million hectares, and Sector 8 (Garments) is China's largest net exporter of embodied pasture land, with the value of 6.79 million hectares respectively. Although there is a structural similarity of the embodied pasture land in trade across sectors, considerable differences in magnitude still exist. From an industrial perspective, the basic necessities, especially dairy and meat products, consume a large amount of pasture land resources. Specifically, Sectors 1 (Agriculture), 6 (Food Processing), and 28 (Construction) embody the largest volumes of pasture land at 59.88, 59.37 and 29.30 million hectares, respectively.

Chapter 6 Conclusions

This chapter firstly reviews the research aim and objectives to examine whether and how they have been achieved. Secondly, research findings concerning the temporal nexus are summarized. Thirdly, contributions, limitations, and future research directions are presented.

6.1 Review of Research Objectives

The research systematically explores the temporal nexus of China's land use with insight into the concept of "virtual land", given the complex globalized economic network and close interactions between economic and land use systems. This can facilitate China's sustainable land management by establishing a comprehensive database of historical virtual land use. The specific research objectives are as follows:

(1) To identify the changing pattern of China's virtual land and industrial distribution characteristics of virtual land use. (temporal nexus)

(2) To draw policy implications in achieving sustainable land management by providing insight into the temporal nexuse of China's virtual land use.

(policy implications)

Chapter 1 initially identifies the research questions under the research backgrounds of sustainable land use management and economic globalization, Chapter 2 conducts a detailed literature review to identify the research gap, and Chapter 3 describes the methodology to investigate this research further. These three chapters provide a solid theoretical foundation to attain the research objectives. Chapter 4, 5 employ time-series data to demonstrate the land occupation of the Chinese economy over time with multiple land use types, including cultivated and pasture land. The calculated results are a solid reference to re-recognize the historical characteristics of virtual land requirements of the Chinese economy. This approach also provides a detailed historical database of China's virtual land to guide multiple sustainable goals in the process of globalization.

6.2 Summary of Research Findings

6.2.1 Findings from the Temporal Nexus

Temporal comparisons of virtual land use, including cultivated and pasture land, in the period of 1987 – 2015 and 2000 – 2015 are presented to depict the changing trend of virtual land use. The findings are as follows:

(1) Temporal analysis of China's embodied land use

China's embodied cultivated and pasture land intensities in 1987 – 2015 or 2000 – 2015 all show a downward trend, declining from 71.17 to 0.54 and 22.53 to 2.24 hectares/million Yuan, respectively. This trend shows China's effort in improving its various land use efficiencies and effectiveness.

China is consistently a net exporter of cultivated and pasture land in 2000 – 2010. The changing patterns of two agricultural land use types are similar: embodied land in trade balance varies significantly during the concerned period, and the largest values are obtained in 2007. The range of fluctuation of embodied cultivated and pasture land is 1.26 – 8.04 and 2.05 – 17.24 million hectares, respectively. The fluctuation is closely related to the evolution of China's international agricultural trade structure.

The change in consumption-based embodied land use is not highly significant. The variation range of consumption-based embodied cultivated and pasture land are 90.53 – 137.11 and 202.81 – 262.15 million hectares, respectively. However, the embodied consumption in the two land use types has a great difference. This finding demonstrates the significance of land devoted to various agricultural activities.

(2) Sectoral analysis of China's embodied land use

As for these two types of agricultural land, Sector 1 (Agriculture) has the highest intensity, and the sectors closely related to the necessities for daily living, such as Sectors 6 (Food Processing), 7 (Textile Industry), and 31 (Hotels, Catering Service), all have high intensities.

In the two agricultural lands, Sector 1 (Agriculture) is the largest net importer of embodied cultivated and pasture land in China with values of 8.33 and 13.54 million hectares, respectively, and Sector 8 (Garments) is the largest net exporter of embodied cultivated and pasture land in China with values of 4.12 and 6.79 million hectares, respectively. Despite the observed structural similarity of embodied cultivated and pasture land in trade by sector, considerable differences are still observed in terms of magnitude. Embodied pasture land in import and export by sector are double the embodied cultivated land.

From an industrial perspective, the basic necessities of clothing, food, shelter, and transportation consume a large number of land resources. Specifically, Sectors 1 (Agriculture), 6 (Food Processing), and 28 (Construction) embody the largest volumes of cultivated and pasture land at 36. 53, and 59. 88 million hectares, 36. 84 and 59. 37 million hectares; 18. 02 and 29. 30 million hectares, respectively.

6. 2. 2 Policy Implications

The most direct land resource protection policies implemented by the local governments mainly focus on land resource utilization efficiency. Considering the conditions of local land resources, related policies and measures, such as the appropriate selection of crops taking advantages of the local cultivated land resources, are put forward to improve the land use efficiency. In the context of globalization, economic incentives also play a significant role in relieving land resource pressures. The local consumption behaviors and interregional trade activities both have a close relationship with the land resource utilization. By providing insight into "virtual land" given the complex globalized economic network, this study will facilitate the making of sustainable land protection policy decisions. The corresponding policy implications are provided as follows.

Based on the temporal nexus, China is consistently a net exporter of cultivated and pasture land during the concerned period. To alleviate this situation, industrial structure adjustment is an effective measure to avoid too much land resource transfer from China.

According to the industrial analysis of embodied land in this study, establishing the shared responsibility criterion in all the industries for land conservation is important. Land-intensive industries are obligated to improve land utilization efficiency using technical development and resource reallocation. For example, agricultural mechanization and automation are highly instrumental in effectively using cultivated land in Sector 1 (Agriculture). However, industries with low land intensity can contribute significantly to consumption and trade activities. Many export products from high-tech and service industries occupying fewer land resources can help restrict the outflow of land resources from China. Therefore, China should place a high priority on trade structural change, i. e., increasing export of products with low cultivated land intensity, such as electronic devices to replace the products with high cultivated land intensity, such as textile, which is beneficial to balance the economic and environmental benefits and avoid land loss.

6.2.3 Comparisons of Main findings

The EF measures humanity's demand on the biologically productive land resources by calculating the areas people occupy (whether cultivated land or pasture land) (WWF, IGSNRR et al. 2013). Many studies on global EF have been done by the World Wild Fund for Nature (WWF). Here the main findings of this study with Ecological Footprint and Sustainable Consumption in China published by WWF (2013) are compared.

Table 6.1 Comparison of main findings using EF and IOA (WWF, 2013)

Main findings	Method		Comparisons
	EF (WWF)	IOA (this study)	
Industrial analysis	EF are affected by different kinds of consumption across China. The main factors affecting per capita EF are housing and food.	*Agriculture* and *Food Processing* are two key sectors that contribute the largest volumes of embodied cultivated and pasture land to meet the household food demand.	These two findings are basically identical: Food and housing consume more land resources in China.

6.3 Contributions of the Research

First, this research contributes to the literature on virtual land use in the resource accounting field by examining China's virtual land use over time. Although "virtual land" and "land footprint" have been studied in many previous works, the characteristics of China's virtual land use have not been comprehensively investigated. This study explores the dynamics and evolution of China's virtual land use change.

Second, this study systematically analyzes the impact of economic globalization on China's land use change for the first time. Economic globalization increases worldwide economic links. The displacement of land use from one place to another occurs when trading for goods among industries and regions is obtained, thus shifting the pressures of local land resources.

Third, a comprehensive database of China's embodied land use intensity is established for the first time. To provide an effective data supporting basis for policy making in terms of China's sustainable land use planning and management, establishing the historical land intensity database through a consistent accounting mechanism and unified original data is important. This study develops China's embodied land intensity database during 1987 – 2015.

Fourth, policy implications are given based on a systematical analysis of China's virtual land use over time. In the context of economic globalization and land scarcity, establishing the shared responsibility criterion in all the regions and industries in China for land conservation is necessary and important. Land-intensive regions and industries are obligated to improve land utilization efficiency and production technology. Industries with low land intensity are suggested to contribute significantly to China's consumption and trade activities.

6.4 Limitations of the Research

This study has limitations in evaluating China's virtual land use and these limitations need further improvements in future research.

Although this study is able to examine China's virtual cultivated land in 1987 – 2015 and its virtual pasture land in 2000 – 2015 by combining the limited cultivated land data (1987 – 2015), pasture land data (2000 – 2015), and IO data (1987 – 2015) in China, a full analysis and observation remain to be conducted using a longer time series to observe a richer description of the changing pattern of China's virtual land use.

The scientific method used in this study is a powerful tool for virtual land accounting, but it does have its limitations. The widespread use of this method in the environmental accounting field is driven by the fast development of data availability and computing power. So far, however, this method is still limited by data availability. Thus, a strong assumption is made that "imported goods/services have the same embodied land intensities as domestic ones because of the limitation of IO economic data although the imported commodities show a substantial difference from domestic ones" (Weber, Peters et al. 2008). The research method in future studies will benefit from a more comprehensive data supporting system.

6.5 Future Research Directions

Exploring virtual land occupation of the Chinese economy over time is a complex task because it integrates systematic and ecological land management and land economics views. Despite this study's attempt to provide a comprehensive overview of the temporal nexuses of China's virtual land use, further investigations need to be conducted as follows.

First, the research scope can be expanded in further studies. This study mainly focuses on the temporal analysis of virtual land at the national level. Conducting an in-depth investigation on virtual land at larger or smaller scales (i. e., global scale and urban scale) would be meaningful. As nation and municipality are distinct responsibility entities in the world, multi-scales studies can facilitate policy suggestions for multifaceted land management authorities.

Second, the linkage of the temporal-spatial network still requires further expansion. This study only separately conducts temporal analyses of virtual land. However, the historical and accumulated effects of one region on another region are the important factors to excavate further the driving factors of the changing patterns of China's virtual land. Further studies should try to understand how spatial variation changes through time. How and why the temporal variation may differ from point to point on a map of China can also be explored. These investigations will be more effective in achieving a dynamic balance of land supply and demand.

Third, the nexus of various land use categories needs to be further investigated. Examining the linkages among various land use categories is highly instrumental in sustainable land use planning and management. For example, rethinking the relations of cultivated land conversion and urban construction land expansion under the background of urbanization and globalization is very meaningful.

Fourth, further studies can expand to policy simulation according to the use of the pulling effects to adjust industrial structures. This study has established a solid database to support sustainable land management policymaking. This database can provide efficient data support for policy simulation.

Appendix Ⅰ: China's Embodied Land Intensity Database During 1987 – 2015[1]

Note: Due to the data limitations, China's embodied cultivated land intensity database is during 1987 – 2015, while China's embodied pasture land intensity database is from 2000 to 2015.

China's embodied cultivated land intensity by sector in 1987

(Unit: hectares/million Yuan)

Code	Sector	Short Name	Intensity	Industrial Classification	Intensity
1	Farming, Forestry, Animal Husbandry, Fishery and Water Conservancy	Agriculture	250. 16	Primary Industry	250. 16
2	Coal Mining and Dressing	Coal Mining	8. 51		
3	Petroleum and Natural Gas Extraction	Petroleum Extraction	3. 11		
4	Ferrous and Nonferrous Metals Mining and Dressing	Metals Mining and Dressing	9. 01		
5	Nonmetal and Other Minerals Mining and Dressing	Minerals Mining and Dressing	16. 96		
6	Food Processing, Food Production, Beverage Production, Tobacco Processing	Food Processing	129. 00		
7	Textile Industry	Textile Industry	72. 98		

① Note: Revised from Shan Guo's previous studies.

Continued

Code	Sector	Short Name	Intensity	Industrial Classification	Intensity
8	Garments and Other Fiber Products, Leather, Furs, Down and Related Products	Garments	59. 55	Secondary Industry	35. 82
9	Timber Processing, Bamboo, Cane, Palm and Straw Products, Furniture Manufacturing	Timber Processing	24. 48		
10	Papermaking and Paper Products, Printing and Record Medium Reproduction, Cultural, Educational and Sports Articles	Paper Products	45. 34		
11	Electric Power/Steam and Hot Water Production and Supply	Electric Power	4. 10		
12	Petroleum Processing and Coking, Gas Production and Supply	Petroleum Processing	2. 72		
13	Coke, Gas and Coal Products Industry	Coke, Gas and Coal Products Industry	8. 86		
14	Raw Chemical Materials and Chemical Products, Medical and Pharmaceutical Products, Chemical Fiber, Rubber Products, Plastic Products	Chemical Products	36. 98		
15	Nonmetal Mineral Products	Nonmetal Mineral Products	12. 92		
16	Smelting and Pressing of Ferrous and Nonferrous Metals	Smelting and Pressing of metal	6. 91		
17	Metal Products	Metal Products	11. 23		
18	Mechanical Industries	Mechanical Industries	8. 82		
19	Transportation Equipment	Transportation Equipment	9. 76		
20	Electric Equipment and Machinery	Electric Equipment	12. 24		

Continued

Code	Sector	Short Name	Intensity	Industrial Classification	Intensity
21	Electronic and Telecommunications Equipment	Telecommunications Equipment	9. 38	Secondary Industry	35. 82
22	Instruments, Meters Cultural and Office Machinery	Instruments, Meters	8. 10		
23	Machinery and Equipment Repair	Machinery Repair	9. 66		
24	Other Industry	Other Industry	24. 32		
25	Construction Industry	Construction	10. 80		
26	Storage and Post	Storage and Post	5. 06	Tertiary Industry	15. 81
27	Business Industry	Business Industry	12. 49		
28	Hotels, Catering Service	Hotels, Catering Service	108. 72		
29	Transport	Transport	5. 62		
30	Public Management and Social Organization	Public Management	9. 26		
31	Culture, Education and Research	Culture, Education and Research	16. 18		
32	Financial Industry	Financial Industry	0. 72		
33	Administrative organizations	Administration	6. 60		

China's embodied cultivated land intensity by sector in 1990

(Unit: hectares/million Yuan)

Code	Sector	Short Name	Intensity	Industrial Classification	Intensity
1	Farming, Forestry, Animal Husbandry, Fishery and Water Conservancy	Agriculture	159. 19	Primary Industry	159. 19
2	Coal Mining and Dressing	Coal Mining	10. 84	Secondary Industry	27. 71
3	Petroleum and Natural Gas Extraction	Petroleum Extraction	4. 48		
4	Ferrous and Nonferrous Metals Mining and Dressing	Metals Mining and Dressing	9. 70		
5	Nonmetal and Other Minerals Mining and Dressing	Minerals Mining and Dressing	19. 52		
6	Food Processing, Food Production, Beverage Production, Tobacco Processing	Food Processing	84. 96		
7	Textile Industry	Textile Industry	55. 06		
8	Garments and Other Fiber Products, Leather, Furs, Down and Related Products	Garments	45. 71		
9	Timber Processing, Bamboo, Cane, Palm and Straw Products, Furniture Manufacturing	Timber Processing	21. 42		
10	Papermaking and Paper Products, Printing and Record Medium Reproduction, Cultural, Educational and Sports Articles	Paper Products	36. 44		
11	Electric Power/Steam and Hot Water Production and Supply	Electric Power	5. 98		
12	Petroleum Processing and Coking, Gas Production and Supply	Petroleum Processing	4. 21		
13	Coke, Gas and Coal Products Industry	Coke, Gas and Coal Products Industry	9. 04		

Continued

Code	Sector	Short Name	Intensity	Industrial Classification	Intensity
14	Raw Chemical Materials and Chemical Products, Medical and Pharmaceutical Products, Chemical Fiber, Rubber Products, Plastic Products	Chemical Products	29. 66		
15	Nonmetal Mineral Products	Nonmetal Mineral Products	12. 68		
16	Smelting and Pressing of Ferrous and Nonferrous Metals	Smelting and Pressing of metal	7. 95		
17	Metal Products	Metal Products	11. 76		
18	Mechanical Industries	Mechanical Industries	8. 92		
19	Transportation Equipment	Transportation Equipment	9. 28	Secondary Industry	27. 71
20	Electric Equipment and Machinery	Electric Equipment	11. 25		
21	Electronic and Telecommunications Equipment	Telecommunications Equipment	8. 77		
22	Instruments, Meters Cultural and Office Machinery	Instruments, Meters	8. 67		
23	Machinery and Equipment Repair	Machinery Repair	9. 74		
24	Other Industry	Other Industry	19. 78		
25	Construction Industry	Construction	9. 94		
26	Storage and Post	Storage and Post	5. 66		
27	Business Industry	Business Industry	10. 57		
28	Hotels, Catering Service	Hotels, Catering Service	70. 40		
29	Transport	Transport	5. 45		
30	Public Management and Social Organization	Public Management	7. 86	Tertiary Industry	11. 29
31	Culture, Education and Research	Culture, Education and Research	12. 57		
32	Financial Industry	Financial Industry	0. 74		
33	Administrative Organizations	Administration	5. 86		

China's embodied cultivated land intensity by sector in 1992

(Unit: hectares/million Yuan)

Code	Sector	Short Name	Intensity	Industrial Classification	Intensity
1	Farming, Forestry, Animal Husbandry, Fishery and Water Conservancy	Agriculture	126. 63	Primary Industry	126. 63
2	Coal Mining and Dressing	Coal Mining	3. 79	Secondary Industry	15. 48
3	Petroleum and Natural Gas Extraction	Petroleum Extraction	2. 02		
4	Ferrous and Nonferrous Metals Mining and Dressing	Metals Mining and Dressing	4. 73		
5	Nonmetal and Other Minerals Mining and Dressing	Minerals Mining and Dressing	6. 43		
6	Food Processing, Food Production, Beverage Production, Tobacco Processing	Food Processing	63. 41		
7	Textile Industry	Textile Industry	33. 19		
8	Garments and Other Fiber Products, Leather, Furs, Down and Related Products	Garments	26. 11		
9	Timber Processing, Bamboo, Cane, Palm and Straw Products, Furniture Manufacturing	Timber Processing	12. 39		
10	Papermaking and Paper Products, Printing and Record Medium Reproduction, Cultural, Educational and Sports Articles	Paper Products	21. 05		
11	Electric Power/Steam and Hot Water Production and Supply	Electric Power	2. 39		
12	Petroleum Processing and Coking, Gas Production and Supply	Petroleum Processing	2. 25		
13	Coke, Gas and Coal Products Industry	Coke, Gas and Coal Products Industry	3. 77		
14	Raw Chemical Materials and Chemical Products, Medical and Pharmaceutical Products, Chemical Fiber, Rubber Products, Plastic Products	Chemical Products	14. 34		

Continued

Code	Sector	Short Name	Intensity	Industrial Classification	Intensity
15	Nonmetal Mineral Products	Nonmetal Mineral Products	6. 32	Secondary Industry	15. 48
16	Smelting and Pressing of Ferrous and Nonferrous Metals	Smelting and Pressing of metal	3. 30		
17	Metal Products	Metal Products	4. 59		
18	Mechanical Industries	Mechanical Industries	3. 89		
19	Transportation Equipment	Transportation Equipment	4. 27		
20	Electric Equipment and Machinery	Electric Equipment	4. 62		
21	Electronic and Telecommunications Equipment	Telecommunications Equipment	4. 37		
22	Instruments, Meters Cultural and Office Machinery	Instruments, Meters	3. 95		
23	Machinery and Equipment Repair	Machinery Repair	4. 11		
24	Other Industry	Other Industry	16. 57		
25	Construction Industry	Construction	4. 76		
26	Storage and Post	Storage and Post	2. 68	Tertiary Industry	7. 07
27	Business Industry	Business Industry	7. 26		
28	Hotels, Catering Service	Hotels, Catering Service	42. 56		
29	Transport	Transport	2. 52		
30	Public Management and Social Organization	Public Management	5. 47		
31	Culture, Education and Research	Culture, Education and Research	5. 83		
32	Financial Industry	Financial Industry	3. 59		
33	Administrative Organizations	Administration	3. 69		

China's embodied cultivated land intensity by sector in 1995

(Unit: hectares/million Yuan)

Code	Sector	Short Name	Intensity	Industrial Classification	Intensity
1	Farming, Forestry, Animal Husbandry, Fishery and Water Conservancy	Agriculture	59. 22	Primary Industry	59. 22
2	Coal Mining and Dressing	Coal Mining	1. 84	Secondary Industry	7. 75
3	Petroleum and Natural Gas Extraction	Petroleum Extraction	1. 19		
4	Ferrous and Nonferrous Metals Mining and Dressing	Metals Mining and Dressing	2. 96		
5	Nonmetal and Other Minerals Mining and Dressing	Minerals Mining and Dressing	3. 77		
6	Food Processing, Food Production, Beverage Production, Tobacco Processing	Food Processing	27. 78		
7	Textile Industry	Textile Industry	17. 14		
8	Garments and Other Fiber Products, Leather, Furs, Down and Related Products	Garments	13. 18		
9	Timber Processing, Bamboo, Cane, Palm and Straw Products, Furniture Manufacturing	Timber Processing	7. 05		
10	Papermaking and Paper Products, Printing and Record Medium Reproduction, Cultural, Educational and Sports Articles	Paper Products	11. 30		
11	Electric Power/Steam and Hot Water Production and Supply	Electric Power	1. 23		
12	Petroleum Processing and Coking, Gas Production and Supply	Petroleum Processing	1. 39		
13	Coke, Gas and Coal Products Industry	Coke, Gas and Coal Products Industry	2. 25		
14	Raw Chemical Materials and Chemical Products, Medical and Pharmaceutical Products, Chemical Fiber, Rubber Products, Plastic Products	Chemical Products	7. 64		

Continued

Code	Sector	Short Name	Intensity	Industrial Classification	Intensity
15	Nonmetal Mineral Products	Nonmetal Mineral Products	3. 48	Secondary Industry	7. 75
16	Smelting and Pressing of Ferrous and Nonferrous Metals	Smelting and Pressing of metal	1. 89		
17	Metal Products	Metal Products	2. 66		
18	Mechanical Industries	Mechanical Industries	2. 33		
19	Transportation Equipment	Transportation Equipment	2. 47		
20	Electric Equipment and Machinery	Electric Equipment	2. 48		
21	Electronic and Telecommunications Equipment	Telecommunications Equipment	2. 13		
22	Instruments, Meters Cultural and Office Machinery	Instruments, Meters	2. 10		
23	Machinery and Equipment Repair	Machinery Repair	2. 29		
24	Other Industry	Other Industry	9. 21		
25	Construction Industry	Construction	2. 63		
26	Storage and Post	Storage and Post	1. 34	Tertiary Industry	3. 30
27	Business Industry	Business Industry	2. 86		
28	Hotels, Catering Service	Hotels, Catering Service	20. 29		
29	Transport	Transport	1. 26		
30	Public Management and Social Organization	Public Management	2. 83		
31	Culture, Education and Research	Culture, Education and Research	3. 25		
32	Financial Industry	Financial Industry	1. 56		
33	Administrative Organizations	Administration	2. 22		

China's embodied cultivated land intensity by sector in 1997

(Unit: hectares/million Yuan)

Code	Sector	Short Name	Intensity	Industrial Classification	Intensity
1	Farming, Forestry, Animal Husbandry, Fishery and Water Conservancy	Agriculture	66.50	Primary Industry	66.50
2	Coal Mining and Dressing	Coal Mining	2.48	Secondary Industry	7.93
3	Petroleum and Natural Gas Extraction	Petroleum Extraction	0.95		
4	Ferrous and Nonferrous Metals Mining and Dressing	Metals Mining and Dressing	2.32		
5	Nonmetal and Other Minerals Mining and Dressing	Minerals Mining and Dressing	3.55		
6	Food Processing, Food Production, Beverage Production, Tobacco Processing	Food Processing	33.65		
7	Textile Industry	Textile Industry	15.44		
8	Garments and Other Fiber Products, Leather, Furs, Down and Related Products	Garments	10.84		
9	Timber Processing, Bamboo, Cane, Palm and Straw Products, Furniture Manufacturing	Timber Processing	8.28		
10	Papermaking and Paper Products, Printing and Record Medium Reproduction, Cultural, Educational and Sports Articles	Paper Products	7.23		
11	Petroleum Processing and Coking, Gas Production and Supply	Petroleum Processing	1.32		
12	Raw Chemical Materials and Chemical Products, Medical and Pharmaceutical Products, Chemical Fiber, Rubber Products, Plastic Products	Chemical Products	7.81		
13	Nonmetal Mineral Products	Nonmetal Mineral Products	2.87		
14	Smelting and Pressing of Ferrous and Nonferrous Metals	Smelting and Pressing of metal	1.92		

Continued

Code	Sector	Short Name	Intensity	Industrial Classification	Intensity
15	Metal Products	Metal Products	2.27	Secondary Industry	7.93
16	Mechanical Industries	Mechanical Industries	2.12		
17	Transportation Equipment	Transportation Equipment	2.34		
18	Electric Equipment and Machinery	Electric Equipment	3.07		
19	Electronic and Telecommunications Equipment	Telecommunications Equipment	2.55		
20	Instruments, Meters Cultural and Office Machinery	Instruments, Meters	2.66		
21	Machinery and Equipment Repair	Machinery Repair	2.30		
22	Other Industry	Other Industry	9.91		
23	Waste	Waste	0.00		
24	Electric Power/Steam and Hot Water Production and Supply	Electric Power	1.53		
25	Gas Production and Supply Industry	Gas Production and Supply	1.95		
26	Water Production and Supply Industry	Water Production and Supply	1.54		
27	Construction Industry	Construction	2.57		

Continued

Code	Sector	Short Name	Intensity	Industrial Classification	Intensity
28	Storage	Storage	1. 66	Tertiary Industry	4. 16
29	Post	Post	1. 49		
30	Business Industry	Business Industry	3. 53		
31	Catering Service	Catering Service	25. 26		
32	Transport	Transport	1. 89		
33	Financial Industry	Financial Industry	1. 46		
34	Real Estate	Real Estate	0. 91		
35	Social Service	Social Service	4. 34		
36	Health, Social Security and Social Welfare	Health	4. 65		
37	Education	Education	2. 49		
38	Research	Research	2. 85		
39	Polytechnic Service	Polytechnic Service	6. 28		
40	Administrative Organization	Administration	2. 64		

China' s embodied land intensity by sector in 2000

(Unit: hectares/million Yuan)

Code	Sector	Short Name	Intensity		Industrial Classification	Intensity	
			Cultivated land	Pasture land		Cultivated land	Pasture land
1	Farming, Forestry, Animal Husbandry, Fishery and Water Conservancy	Agriculture	60. 22	123. 90	Primary Industry	60. 22	123. 90
2	Extractive Industries	Extractive Industries	1. 46	3. 00	Secondary Industry	5. 89	12. 13
3	Food Processing, Food Production	Food Processing	28. 45	58. 53			
4	Garments and Other Fiber Products, Leather, Furs, Down and Related Products	Garments	11. 35	23. 36			
5	Other Industry	Other Industry	6. 25	12. 86			
6	Electric Power/Steam and Hot Water Production and Supply	Electric Power	1. 34	2. 76			
7	Petroleum Processing and Coking, Gas Production and Supply	Petroleum Processing	1. 34	2. 77			
8	Chemistry Industry	Chemistry Industry	5. 94	12. 22			
9	Nonmetal Mineral Products	Nonmetal Mineral Products	2. 65	5. 46			
10	Smelting and Pressing of Ferrous and Nonferrous Metals	Smelting and Pressing of metal	1. 91	3. 94			
11	Mechanical Industries	Mechanical Industries	2. 24	4. 60			

Continued

Code	Sector	Short Name	Intensity		Industrial Classification	Intensity	
			Cultivated land	Pasture land		Cultivated land	Pasture land
12	Construction Industry	Construction	2. 27	4. 68	Secondary Industry	5. 89	12. 13
13	Storage and Post	Storage and Post	1. 37	2. 82	Tertiary Industry	3. 57	7. 35
14	Business Industry and Catering Service	Business Industry	7. 27	14. 96			
15	Public Utilities and Residential Service	Public Utilities	2. 51	5. 16			
16	Financial Industry	Financial Industry	0. 69	1. 42			
17	Other Services	Other Services	2. 68	5. 52			

China' s embodied land intensity by sector in 2002

(Unit: hectares/million Yuan)

Code	Sector	Short Name	Intensity		Industrial Classification	Intensity	
			Cultivated land	Pasture land		Cultivated land	Pasture land
1	Farming, Forestry, Animal Husbandry, Fishery and Water Conservancy	Agriculture	54. 66	114. 39	Primary Industry	54. 66	114. 39
2	Coal Mining and Dressing	Coal Mining	1. 26	2. 64	Secondary Industry	4. 85	10. 16
3	Petroleum and Natural Gas Extraction	Petroleum Extraction	0. 53	1. 11			
4	Ferrous and Nonferrous Metals Mining and Dressing	Metals Mining and Dressing	1. 32	2. 77			
5	Nonmetal and Other Minerals Mining and Dressing	Minerals Mining and Dressing	1. 26	2. 64			
6	Food Processing, Food Production, Beverage Production, Tobacco Processing	Food Processing	21. 87	45. 77			
7	Textile Industry	Textile Industry	12. 23	25. 59			
8	Garments and Other Fiber Products, Leather, Furs, Down and Related Products	Garments	8. 55	17. 90			
9	Timber Processing, Bamboo, Cane, Palm and Straw Products, Furniture Manufacturing	Timber Processing	9. 16	19. 17			

Continued

Code	Sector	Short Name	Intensity		Industrial Classification	Intensity	
			Cultivated land	Pasture land		Cultivated land	Pasture land
10	Papermaking and Paper Products, Printing and Record Medium Reproduction, Cultural, Educational and Sports Articles	Paper Products	3. 61	7. 55	Secondary Industry	4. 85	10. 16
11	Petroleum Processing and Coking, Gas Production and Supply	Petroleum Processing	0. 75	1. 56			
12	Raw Chemical Materials and Chemical Products, Medical and Pharmaceutical Products, Chemical Fiber, Rubber Products, Plastic Products	Chemical Products	3. 91	8. 19			
13	Nonmetal Mineral Products	Nonmetal Mineral Products	1. 43	2. 99			
14	Smelting and Pressing of Ferrous and Nonferrous Metals	Smelting and Pressing of metal	0. 96	2. 01			
15	Metal Products	Metal Products	1. 30	2. 72			
16	Ordinary Machinery	Ordinary Machinery	1. 35	2. 81			
17	Equipment for Special Purpose	Special Equipment	1. 25	2. 62			
18	Transportation Equipment	Transportation Equipment	1. 59	3. 32			
19	Electric Equipment and Machinery	Electric Equipment	1. 37	2. 87			

Continued

Code	Sector	Short Name	Intensity		Industrial Classification	Intensity	
			Cultivated land	Pasture land		Cultivated land	Pasture land
20	Electronic and Telecommunications Equipment	Telecommunications Equipment	1.53	3.21			
21	Instruments, Meters Cultural and Office Machinery	Instruments, Meters	7.77	16.27			
22	Other Manufacture Products	Others	0.00	0.00			
23	Waste	Waste	0.76	1.59			
24	Manufacture of Artwork and Other Manufactures	Manufacture of Artwork	1.99	4.15	Secondary Industry	4.85	10.16
25	Electric Power/Steam and Hot Water Production and Supply	Electric Power	0.86	1.79			
26	Gas Production and Supply Industry	Gas Production and Supply	5.86	12.25			
27	Water Production and Supply Industry	Water Production and Supply	1.42	2.97			
28	Construction Industry	Construction	1.74	3.64			

Continued

Code	Sector	Short Name	Intensity		Industrial Classification	Intensity	
			Cultivated land	Pasture land		Cultivated land	Pasture land
29	Wholesale, Retail Trade	Wholesale, Retail Trade	0.91	1.90	Tertiary Industry	2.66	5.56
30	Transport, Storage and Post	Transport and Storage	2.26	4.72			
31	Hotels, Catering Service	Hotels, Catering Service	13.39	28.03			
32	Information Transmission, Computerservices and Software	Information	1.00	2.09			
33	Financial Industry	Financial Industry	0.74	1.55			
34	Real Estate	Real Estate	1.65	3.46			
35	Leasing and Commercial Services	Leasing	2.17	4.55			
36	Research and Experimental Development	Research	1.55	3.25			
37	Water conservancy, Environment and Public Facilities Management	Environment	1.68	3.52			
38	Service to Households and Other Service	Service to Households	3.12	6.54			
39	Education	Education	1.90	3.98			
40	Health, Social Security and Social Welfare	Health	2.01	4.20			
41	Culture, Sports and Entertainment	Culture	3.32	6.96			
42	Public Management and Social Organization	Public Management	2.19	4.58			

China' s embodied land intensity by sector in 2005 (Unit: hectares/million Yuan)

Code	Sector	Short Name	Intensity		Industrial Classification	Intensity	
			Cultivated land	Pasture land		Cultivated land	Pasture land
1	Farming, Forestry, Animal Husbandry, Fishery and Water Conservancy	Agriculture	74. 24	1. 51	Primary Industry	74. 24	1. 51
2	Coal Mining and Dressing	Coal Mining	2. 64	1. 21			
3	Petroleum and Natural Gas Extraction	Petroleum Extraction	1. 01	0. 85			
4	Ferrous and Nonferrous Metals Mining and Dressing	Metals Mining and Dressing	2. 56	1. 34			
5	Nonmetal and Other Minerals Mining and Dressing	Minerals Mining and Dressing	2. 87	1. 41			
6	Food Processing, Food Production, Beverage Production, Tobacco Processing	Food Processing	33. 28	1. 49	Secondary Industry	3. 93	8. 44
7	Textile Industry	Textile Industry	21. 82	1. 64			
8	Garments and Other Fiber Products, Leather, Furs, Down and Related Products	Garments	13. 26	1. 57			
9	Timber Processing, Bamboo, Cane, Palm and Straw Products, Furniture Manufacturing	Timber Processing	14. 37	1. 57			

Continued

Code	Sector	Short Name	Intensity		Industrial Classification	Intensity	
			Cultivated land	Pasture land		Cultivated land	Pasture land
10	Papermaking and Paper Products, Printing and Record Medium Reproduction, Cultural, Educational and Sports Articles	Paper Products	7.09	1.50	Secondary Industry	3.93	8.44
11	Petroleum Processing and Coking, Gas Production and Supply	Petroleum Processing	1.45	1.27			
12	Raw Chemical Materials and Chemical Products, Medical and Pharmaceutical Products, Chemical Fiber, Rubber Products, Plastic Products	Chemical Products	7.04	1.57			
13	Nonmetal Mineral Products	Nonmetal Mineral Products	2.75	1.44			
14	Smelting and Pressing of Ferrous and Nonferrous Metals	Smelting and Pressing of metal	1.81	1.52			
15	Metal Products	Metal Products	2.27	1.57			
16	Ordinary Machinery	Ordinary Machinery	2.47	1.56			
17	Equipment for Special Purpose	Special Equipment	2.44	1.63			
18	Transportation Equipment	Transportation Equipment	2.90	1.62			
19	Electric Equipment and Machinery	Electric Equipment	2.71	1.84			
20	Electronic and Telecommunications Equipment	Telecommunications Equipment	2.94	1.66			

Continued

Code	Sector	Short Name	Intensity		Industrial Classification	Intensity	
			Cultivated land	Pasture land		Cultivated land	Pasture land
21	Instruments, Meters Cultural and Office Machinery	Instruments, Meters	13.62	1.51	Secondary Industry	3.93	8.44
22	Other Manufacture Products	Others	0.00	0.44			
23	Waste	Waste	1.93	1.34			
24	Manufacture of Artwork and Other Manufactures	Manufacture of Artwork	2.82	1.36			
25	Electric Power/Steam and Hot Water Production and Supply	Electric Power	1.77	1.17			
26	Gas Production and Supply Industry	Gas Production and Supply	9.43	1.51			
27	Water Production and Supply Industry	Water Production and Supply	2.83	1.72			
28	Construction Industry	Construction	2.75	0.95			

Continued

Code	Sector	Short Name	Intensity		Industrial Classification	Intensity	
			Cultivated land	Pasture land		Cultivated land	Pasture land
29	Wholesale, Retail Trade	Wholesale, Retail Trade	1.94	0.97	Tertiary Industry	2.26	4.84
30	Transport, Storage and Post	Transport and Storage	2.45	0.58			
31	Hotels, Catering Service	Hotels, Catering Service	19.41	1.07			
32	Information Transmission, Computer services and Software	Information	1.87	0.63			
33	Financial Industry	Financial Industry	0.89	0.43			
34	Real Estate	Real Estate	3.48	1.26			
35	Leasing and Commercial Services	Leasing	3.31	1.14			
36	Research and Experimental Development	Research	4.71	1.03			
37	Water conservancy, Environment and Public Facilities Management	Environment	3.41	0.95			
38	Service to Households and Other Service	Service to Households	5.53	0.92			
39	Education	Education	3.04	0.71			
40	Health, Social Security and Social Welfare	Health	4.68	1.20			
41	Culture, Sports and Entertainment	Culture	5.74	0.95			
42	Public Management and Social Organization	Public Management	4.29	0.75			

China's embodied land intensity by sector in 2007 (Unit: hectares/million Yuan)

Code	Sector	Short Name	Intensity		Industrial Classification	Intensity	
			Cultivated land	Pasture land		Cultivated land	Pasture land
1	Farming, Forestry, Animal Husbandry, Fishery and Water Conservancy	Agriculture	60. 22	66. 79	Primary Industry	60. 22	66. 79
2	Coal Mining and Dressing	Coal Mining	1. 90	2. 11	Secondary Industry	5. 51	6. 11
3	Petroleum and Natural Gas Extraction	Petroleum Extraction	1. 07	1. 19			
4	Ferrous and Nonferrous Metals Mining and Dressing	Metals Mining and Dressing	1. 70	1. 88			
5	Nonmetal and Other Minerals Mining and Dressing	Minerals Mining and Dressing	1. 89	2. 09			
6	Food Processing, Food Production, Beverage Production, Tobacco Processing	Food Processing	29. 21	32. 39			
7	Textile Industry	Textile Industry	16. 26	18. 03			
8	Garments and Other Fiber Products, Leather, Furs, Down and Related Products	Garments	12. 05	13. 36			
9	Timber Processing, Bamboo, Cane, Palm and Straw Products, Furniture Manufacturing	Timber Processing	12. 40	13. 75			

Continued

Code	Sector	Short Name	Intensity		Industrial Classification	Intensity	
			Cultivated land	Pasture land		Cultivated land	Pasture land
10	Papermaking and Paper Products, Printing and Record Medium Reproduction, Cultural, Educational and Sports Articles	Paper Products	5. 87	6. 51	Secondary Industry	5. 51	6. 11
11	Petroleum Processing and Coking, Gas Production and Supply	Petroleum Processing	1. 33	1. 47			
12	Raw Chemical Materials and Chemical Products, Medical and Pharmaceutical Products, Chemical Fiber, Rubber Products, Plastic Products	Chemical Products	5. 01	5. 55			
13	Nonmetal Mineral Products	Nonmetal Mineral Products	2. 02	2. 24			
14	Smelting and Pressing of Ferrous and Nonferrous Metals	Smelting and Pressing of metal	1. 48	1. 64			
15	Metal Products	Metal Products	1. 96	2. 18			
16	Ordinary Machinery	Ordinary Machinery	1. 80	2. 00			
17	Equipment for Special Purpose	Special Equipment	2. 16	2. 39			

Continued

Code	Sector	Short Name	Intensity		Industrial Classification	Intensity	
			Cultivated land	Pasture land		Cultivated land	Pasture land
18	Transportation Equipment	Transportation Equipment	2. 12	2. 35	Secondary Industry	5. 51	6. 11
19	Electric Equipment and Machinery	Electric Equipment	2. 12	2. 35			
20	Electronic and Telecommunications Equipment	Telecommunications E-quipment	2. 34	2. 59			
21	Instruments, Meters Cultural and Office Ma-chinery	Instruments, Meters	10. 62	11. 78			
22	Other Manufacture Products	Others	0. 28	0. 31			
23	Waste	Waste	1. 36	1. 51			
24	Manufacture of Artwork and Other Manufac-tures	Manufacture of Artwork	1. 37	1. 52			
25	Electric Power/Steam and Hot Water Produc-tion and Supply	Electric Power	1. 49	1. 66			
26	Gas Production and Supply Industry	Gas Production and Supply	2. 30	2. 55			
27	Water Production and Supply Industry	Water Production and Sup-ply	2. 19	2. 43			
28	Construction Industry	Construction	1. 41	1. 56			

Continued

Code	Sector	Short Name	Intensity		Industrial Classification	Intensity	
			Cultivated land	Pasture land		Cultivated land	Pasture land
29	Wholesale, Retail Trade	Wholesale, Retail Trade	1. 23	1. 36	Tertiary Industry	3. 36	3. 72
30	Transport, Storage and Post	Transport and Storage	1. 70	1. 89			
31	Hotels, Catering Service	Hotels, Catering Service	16. 61	18. 42			
32	Information Transmission, Computerservices and Software	Information	1. 38	1. 53			
33	Financial Industry	Financial Industry	0. 68	0. 75			
34	Real Estate	Real Estate	3. 53	3. 92			
35	Leasing and Commercial Services	Leasing	4. 60	5. 10			
36	Research and Experimental Development	Research	1. 91	2. 11			
37	Water conservancy, Environment and Public Facilities Management	Environment	4. 72	5. 23			
38	Service to Households and Other Service	Service to Households	3. 44	3. 81			
39	Education	Education	2. 51	2. 78			
40	Health, Social Security and Social Welfare	Health	3. 56	3. 95			
41	Culture, Sports and Entertainment	Culture	5. 08	5. 64			
42	Public Management and Social Organization	Public Management	2. 77	3. 07			

China's embodied land intensity by sector in 2010 (Unit: hectares/million Yuan)

Code	Sector	Short Name	Intensity		Industrial Classification	Intensity	
			Cultivated land	Pasture land		Cultivated land	Pasture land
1	Farming, Forestry, Animal Husbandry, Fishery and Water Conservancy	Agriculture	24.37	39.58	Primary Industry	24.37	39.58
2	Coal Mining and Dressing	Coal Mining	0.88	1.43	Secondary Industry	2.57	4.17
3	Petroleum and Natural Gas Extraction	Petroleum Extraction	0.54	0.88			
4	Ferrous and Nonferrous Metals Mining and Dressing	Metals Mining and Dressing	0.85	1.39			
5	Nonmetal and Other Minerals Mining and Dressing	Minerals Mining and Dressing	1.00	1.62			
6	Food Processing, Food Production, Beverage Production, Tobacco Processing	Food Processing	12.60	20.46			
7	Textile Industry	Textile Industry	7.22	11.73			
8	Garments and Other Fiber Products, Leather, Furs, Down and Related Products	Garments	5.41	8.79			
9	Timber Processing, Bamboo, Cane, Palm and Straw Products, Furniture Manufacturing	Timber Processing	5.29	8.60			

Continued

Code	Sector	Short Name	Intensity		Industrial Classification	Intensity	
			Cultivated land	Pasture land		Cultivated land	Pasture land
10	Papermaking and Paper Products, Printing and Record Medium Reproduction, Cultural, Educational and Sports Articles	Paper Products	3. 13	5. 08	Secondary Industry	2. 57	4. 17
11	Petroleum Processing and Coking, Gas Production and Supply	Petroleum Processing	0. 61	0. 99			
12	Raw Chemical Materials and Chemical Products, Medical and Pharmaceutical Products, Chemical Fiber, Rubber Products, Plastic Products	Chemical Products	2. 45	3. 99			
13	Nonmetal Mineral Products	Nonmetal Mineral Products	1. 13	1. 84			
14	Smelting and Pressing of Ferrous and Nonferrous Metals	Smelting and Pressing of metal	0. 93	1. 51			
15	Metal Products	Metal Products	1. 10	1. 79			
16	Ordinary Machinery	Ordinary Machinery	1. 03	1. 67			
17	Equipment for Special Purpose	Special Equipment	1. 12	1. 82			
18	Transportation Equipment	Transportation Equipment	1. 17	1. 90			
19	Electric Equipment and Machinery	Electric Equipment	1. 11	1. 81			
20	Electronic and Telecommunications Equipment	Telecommunications Equipment	1. 16	1. 89			

Continued

Code	Sector	Short Name	Intensity		Industrial Classification	Intensity	
			Cultivated land	Pasture land		Cultivated land	Pasture land
21	Instruments, Other Manufacture Products	Instruments, Others	3. 41	5. 54	Secondary Industry	2. 57	4. 17
22	Waste	Waste	0. 71	1. 15			
23	Manufacture of Artwork and Other Manufactures	Manufacture of Artwork	0. 69	1. 12			
24	Electric Power/Steam and Hot Water Production and Supply	Electric Power	0. 71	1. 16			
25	Gas Production and Supply Industry	Gas Production and Supply	1. 16	1. 88			
26	Water Production and Supply Industry	Water Production and Supply	1. 39	2. 26			
27	Construction Industry	Construction	0. 86	1. 40			

Continued

Code	Sector	Short Name	Intensity		Industrial Classification	Intensity	
			Cultivated land	Pasture land		Cultivated land	Pasture land
28	Wholesale, Retail Trade	Wholesale, Retail Trade	0.74	1.21	Tertiary Industry	1.49	2.42
29	Transport, Storage and Post	Transport and Storage	0.59	0.96			
30	Hotels, Catering Service	Hotels, Catering Service	7.44	12.07			
31	Information Transmission, Computer services and Software	Information	0.69	1.12			
32	Financial Industry	Financial Industry	0.47	0.76			
33	Real Estate	Real Estate	1.69	2.74			
34	Leasing and Commercial Services	Leasing	2.43	3.95			
35	Research and Experimental Development	Research	1.00	1.63			
36	Water conservancy, Environment and Public Facilities Management	Environment	1.78	2.89			
37	Service to Households and Other Service	Service to Households	1.48	2.40			
38	Education	Education	0.69	1.11			
39	Health, Social Security and Social Welfare	Health	1.65	2.69			
40	Culture, Sports and Entertainment	Culture	1.94	3.16			
41	Public Management and Social Organization	Public Management	1.03	1.67			

China's embodied land intensity by sector in 2012 (Unit: hectares/million Yuan)

Code	Sector	Short Name	Intensity		Industrial Classification	Intensity	
			Cultivated land	Pasture land		Cultivated land	Pasture land
1	Farming, Forestry, Animal Husbandry, Fishery and Water Conservancy	Agriculture	18.91	30.72		18.91	30.72
2	Coal Mining and Dressing	Coal Mining	0.46	0.74	Secondary Industry	1.89	3.34
3	Petroleum and Natural Gas Extraction	Petroleum Extraction	0.31	0.50			
4	Ferrous and Nonferrous Metals Mining and Dressing	Metals Mining and Dressing	0.54	0.88			
5	Nonmetal and Other Minerals Mining and Dressing	Minerals Mining and Dressing	0.56	0.91			
6	Food Processing, Food Production, Beverage Production, Tobacco Processing	Food Processing	9.10	14.78			
7	Textile Industry	Textile Industry	6.23	10.12			
8	Garments and Other Fiber Products, Leather, Furs, Down and Related Products	Garments	3.92	6.36			
9	Timber Processing, Bamboo, Cane, Palm and Straw Products, Furniture Manufacturing	Timber Processing	4.01	6.51			

Continued

Code	Sector	Short Name	Intensity		Industrial Classification	Intensity	
			Cultivated land	Pasture land		Cultivated land	Pasture land
10	Papermaking and Paper Products, Printing and Record Medium Reproduction, Cultural, Educational and Sports Articles	Paper Products	2.21	3.60	Secondary Industry	1.89	3.34
11	Petroleum Processing and Coking. Gas Production and Supply	Petroleum Processing	0.40	0.65			
12	Raw Chemical Materials and Chemical Products, Medical and Pharmaceutical Products, Chemical Fiber, Rubber Products, Plastic Products	Chemical Products	2.09	3.40			
13	Nonmetal Mineral Products	Nonmetal Mineral Products	0.72	1.16			
14	Smelting and Pressing of Ferrous and Nonferrous Metals	Smelting and Pressing of metal	0.49	0.80			
15	Metal Products	Metal Products	0.66	1.07			
16	Ordinary Machinery	Ordinary Machinery	0.66	1.06			
17	Equipment for Special Purpose	Special Equipment	0.69	1.12			
18	Transportation Equipment	Transportation Equipment	0.70	1.14			
19	Electric Equipment and Machinery	Electric Equipment	0.75	1.22			
20	Electronic and Telecommunications Equipment	Telecommunications Equipment	0.72	1.16			

Continued

Code	Sector	Short Name	Intensity		Industrial Classification	Intensity	
			Cultivated land	Pasture land		Cultivated land	Pasture land
21	Instruments, Meters Cultural and Office Machinery	Instruments, Meters	0.70	1.14	Secondary Industry	1.89	3.34
22	Other Manufacture Products	Others	2.58	4.19			
23	Waste	Waste	0.27	0.44			
24	Manufacture of Artwork and Other Manufactures	Manufacture of Artwork	0.64	1.05			
25	Electric Power/Steam and Hot Water Production and Supply	Electric Power	0.40	0.66			
26	Gas Production and Supply Industry	Gas Production and Supply	0.36	0.58			
27	Water Production and Supply Industry	Water Production and Supply	0.65	1.06			
28	Construction Industry	Construction	0.83	1.34			

Continued

Code	Sector	Short Name	Intensity		Industrial Classification	Intensity	
			Cultivated land	Pasture land		Cultivated land	Pasture land
29	Wholesale, Retail Trade	Wholesale, Retail Trade	0.29	0.47	Tertiary Industry	0.91	1.44
30	Transport, Storage and Post	Transport and Storage	0.83	1.35			
31	Hotels, Catering Service	Hotels, Catering Service	5.04	8.19			
32	Information Transmission, Computer services and Software	Information	0.55	0.89			
33	Financial Industry	Financial Industry	0.53	0.86			
34	Real Estate	Real Estate	0.24	0.39			
35	Leasing and Commercial Services	Leasing	1.10	1.79			
36	Research and Experimental Development	Research	0.95	1.54			
37	Water conservancy, Environment and Public Facilities Management	Environment	2.00	3.25			
38	Service to Households and Other Service	Service to Households	0.84	1.36			
39	Education	Education	0.61	0.99			
40	Health, Social Security and Social Welfare	Health	1.21	1.96			
41	Culture, Sports and Entertainment	Culture	1.39	2.27			
42	Public Management and Social Organization	Public Management	0.76	1.23			

China' s embodied land intensity by sector in 2015 (Unit: hectares/million Yuan)

Code	Sector	Short Name	Intensity		Industrial Classification	Intensity	
			Cultivated land	Pasture land		Cultivated land	Pasture land
1	Farming, Forestry, Animal Husbandry, Fishery and Water Conservancy	Agriculture	15.95	25.93	Primary Industry	16	25.93
2	Coal Mining and Dressing	Coal Mining	0.74	1.20			
3	Petroleum and Natural Gas Extraction	Petroleum Extraction	0.41	0.67			
4	Ferrous and Nonferrous Metals Mining and Dressing	Metals Mining and Dressing	0.84	1.36			
5	Nonmetal and Other Minerals Mining and Dressing	Minerals Mining and Dressing	0.82	1.33			
6	Food Processing, Food Production, Beverage Production, Tobacco Processing	Food Processing	8.15	13.24	Secondary Industry	2.01	3.00
7	Textile Industry	Textile Industry	6.24	10.15			
8	Garments and Other Fiber Products, Leather, Furs, Down and Related Products	Garments	3.68	5.98			
9	Timber Processing, Bamboo, Cane, Palm and Straw Products, Furniture Manufacturing	Timber Processing	3.47	5.64			

Continued

Code	Sector	Short Name	Intensity		Industrial Classification	Intensity	
			Cultivated land	Pasture land		Cultivated land	Pasture land
10	Papermaking and Paper Products, Printing and Record Medium Reproduction, Cultural, Educational and Sports Articles	Paper Products	2. 38	3. 86	Secondary Industry	2. 01	3. 00
11	Petroleum Processing and Coking, Gas Production and Supply	Petroleum Processing	0. 63	1. 02			
12	Raw Chemical Materials and Chemical Products, Medical and Pharmaceutical Products, Chemical Fiber, Rubber Products, Plastic Products	Chemical Products	2. 39	3. 88			
13	Nonmetal Mineral Products	Nonmetal Mineral Products	0. 99	1. 61			
14	Smelting and Pressing of Ferrous and Nonferrous Metals	Smelting and Pressing of metal	0. 77	1. 25			
15	Metal Products	Metal Products	0. 88	1. 42			
16	Ordinary Machinery	Ordinary Machinery	0. 81	1. 31			
17	Equipment for Special Purpose	Special Equipment	0. 82	1. 33			
18	Transportation Equipment	Transportation Equipment	0. 81	1. 32			

Continued

Code	Sector	Short Name	Intensity		Industrial Classification	Intensity	
			Cultivated land	Pasture land		Cultivated land	Pasture land
19	Electric Equipment and Machinery	Electric Equipment	0. 89	1. 44	Secondary Industry	2. 01	3. 00
20	Electronic and Telecommunications Equipment	Telecommunications E-quipment	0. 77	1. 25			
21	Instruments, Meters Cultural and Office Machinery	Instruments, Meters	0. 78	1. 27			
22	Other Manufacture Products	Others	2. 79	4. 53			
23	Waste	Waste	1. 28	2. 08			
24	Manufacture of Artwork and Other Manufactures	Manufacture of Artwork	0. 66	1. 08			
25	Electric Power/Steam and Hot Water Production and Supply	Electric Power	0. 54	0. 88			
26	Gas Production and Supply Industry	Gas Production and Supply	0. 56	0. 91			
27	Water Production and Supply Industry	Water Production and Supply	0. 88	1. 43			
28	Construction Industry	Construction	1. 01	1. 64			

Continued

Code	Sector	Short Name	Intensity		Industrial Classification	Intensity	
			Cultivated land	Pasture land		Cultivated land	Pasture land
29	Wholesale, Retail Trade	Wholesale, Retail Trade	0. 37	0. 60	Tertiary Industry	0. 89	1. 00
30	Transport, Storage and Post	Transport and Storage	0. 81	1. 31			
31	Hotels, Catering Service	Hotels, Catering Service	4. 71	7. 66			
32	Information Transmission, Computer services and Software	Information	0. 54	0. 87			
33	Financial Industry	Financial Industry	0. 45	0. 73			
34	Real Estate	Real Estate	0. 28	0. 45			
35	Leasing and Commercial Services	Leasing	1. 26	2. 05			
36	Research and Experimental Development	Research	0. 94	1. 53			
37	Water conservancy, Environment and Public Facilities Management	Environment	1. 95	3. 17			
38	Service to Households and Other Service	Service to Households	0. 84	1. 36			
39	Education	Education	0. 54	0. 87			
40	Health, Social Security and Social Welfare	Health	1. 32	2. 14			
41	Culture, Sports and Entertainment	Culture	1. 46	2. 37			
42	Public Management and Social Organization	Public Management	0. 74	1. 21			

Appendix Ⅱ: Shan Guo's Peer-reviewed Publications

Key Publications (First author or corresponding author)

1. **Guo, S.**, Li, Y., Hu, Y., Xue, F., Chen, B., Chen, Z. - M., 2020. Embodied energy in service industry in global cities: A study of six Asian cities. *Land Use Policy* 91:104264. (SSCI, IF = **3.194**)

2. **Guo, S.**, He, P., Bayaraa, M., Li, J. S., 2020. Greenhouse gas emissions embodied in the Mongolian economy and their driving forces. *Science of The Total Environment* 714: 136378. (SCI, EI, IF = **5.589**)

3. **Guo, S.**, Wang, Y., Shen, G. Q. P., Zhang, B., Wang, H., 2020. Virtual built - up land transfers embodied in China's interregional trade. *Land Use Policy*. In Press. (SSCI, IF = **3.194**)

4. **Guo, S.**, Zheng, S., Hu, Y., Hong, J., Wu, X., Tang, M., 2019. Embodied energy use in the global construction industry. *Applied Energy* 256: 113838. (SCI, EI, IF = **5.613**)

5. **Guo, S.**, Jiang, L., Shen G. Q. P., 2018. Embodied pasture land use

change in China 2000 – 2015: From the perspective of globalization. *Land Use Policy* 82: 476 – 485. (SSCI, IF = **3.194**)

6. **Guo, S.**, Shen, G. Q. P., Peng, Y., 2016. Embodied agricultural water use in China from 1997 to 2010. *Journal of Cleaner Production* 112, (4): 3176 – 3184. (SSCI, SCI, EI, IF = **4.167**)

7. **Guo, S.**, Shen, G. Q. P., Yang J., Sun B. X., Xue F., 2016. Embodied energy of service trading in Hong Kong. *Smart and Sustainable Built Environment* 4(2): 234 – 248.

8. **Guo, S.**, Shen, G. Q. P., Chen, Z. M., Yu, R., 2016. Embodied cultivated land use in China 1987 – 2007. *Ecological Indicators* 47, 198 – 209. (SSCI, SCI, EI, IF = **3.444**)

9. **Guo, S.**, Shen, G. Q. P., 2015. Multiregional Input-Output Model for China's Farm Land and Water Use. *Environmental Science & Technology* 49 (1): 403 – 414. (SSCI, SCI, EI, IF = **5.481**)

10. Zhang L, **Guo, S.*** , Wu Z, et al., 2018. SWOT Analysis for the Promotion of Energy Efficiency in Rural Buildings: A Case Study of China. *Energies* 11(4): 851. (SSCI, SCI, EI, IF = **3.045**)

11. Hong, J. K., Shen, G. Q. P., **Guo, S.***, Xue, F., Zheng W., 2015. Energy use embodied in China? s construction industry: A multi-regional input-output analysis. *Renewable and Sustainable Energy Reviews* 53: 1303 – 1312. (SCI, EI, IF = **5.901**)

12. **Guo, S.**, Chen, G. Q., 2013. Multi-scale Input-output Analysis for Multiple Responsibility Entities: Carbon Emission by Urban Economy in Beijing 2007. *Journal of Environmental Accounting and Management* 1, 43 – 54.

13. **Guo, S.**, Liu, J. B., Shao, L., Li, J. S., An, Y. R., 2012. Energy-Dominated Local Carbon Emissions in Beijing 2007: Inventory and Input-Output Analysis. Scientific World Journal doi. org/10. 1100/2012/923183. (SS-

CI, SCI, EI, IF = **1.219**)

14. **Guo, S.**, Shao, L., Chen, H., Li, Z., Liu, J. B., Xu, F. X., Li, J. S., Han, M. Y., Meng, J., Chen, Z. M., Li, S. C., 2012. Inventory and input-output analysis of CO_2 emissions by fossil fuel consumption in Beijing 2007. *Ecological Informatics* 12, 93 – 100. (SSCI, SCI, EI, IF = **1.980**)

15. Chen, G. Q., **Guo, S.***, Shao, L., Li, J. S., Chen, Z. M., 2013. Three-scale input-output modeling for urban economy: Carbon emission by Beijing 2007. *Communications in Nonlinear Science and Numerical Simulation* 18, 2493 – 2506. (SSCI, SCI, EI, IF = **2.569**)

16. Yang, Q., **Guo, S.***, Yuan, W. H., Chen, Y. Q., Wang, X. H., Wu, T. H., Alsaedi, A., Hayat, T., 2013. Energy-dominated carbon metabolism: A case study of Hubei province, China. *Ecological Informatics* 26, Part 1, 85 – 92. (SSCI, SCI, EI, IF = **1.980**)

Other Publications

1. Hong J, Zhong X, **Guo S**, Liu G, Shen GQ, Yu T. 2019. Water-energy nexus and its efficiency in China's construction industry: Evidence from province-level data. *Sustainable Cities and Society* 48·101557. (SCI, EI, IF = **3.160**)

2. Meng, J., Liu, J., **Guo, S.**, Huang, Y., Tao, S., 2015. The impact of domestic and foreign trade on energy-related PM emissions in Beijing. Applied Energy. In Press. (SCI, EI, IF = **5.613**)

3. Meng, J., Liu, J., **Guo, S.**, Li, J. S., Li, Z., Tao, S., 2015. Trend and driving forces of Beijing's black carbon emissions from sectoral perspectives. *Journal of Cleaner Production.* 112(2), 1272 – 1281. (SCI, EI, IF = **4.167**)

4. Han, M., **Guo, S.**, Chen, H., Ji, X., Li, J., 2014. Local-scale systems

input-output analysis of embodied water for the Beijing economy in 2007. *Front. Earth Sci.* 8,414 – 426. (SSCI,SCI,EI,IF = **0.516**)

5. Han,M. Y. ,Shao,L. ,Li,J. S. ,**Guo,S.**, ,Meng,J. ,B. Ahmad,T. Hayat et al. Emergy-based hybrid evaluation for commercial construction engineering: a case study in BDA. *Ecological Indicators* 47(2014): 179 – 188. (SCI,EI,IF = **3.444**)

6. Shao,L. ,Chen,G. Q. ,Chen,Z. M. ,**Guo,S.** ,Han,M. Y. ,Zhang,B. ,Hayat,T. ,Alsaedi,A. ,Ahmad,B. ,2014. Systems accounting for energy consumption and carbon emission by building. *Communications in Nonlinear Science and Numerical Simulation* 19,1859 – 1873. (SSCI,SCI,EI,IF = **2.569**)

7. Meng,J. ,Li,Z. ,Li,J. ,Shao,L. ,Han,M. ,**Guo,S.** ,2013. Embodied exergy-based assessment of energy and resource consumption of buildings. *Front. Earth Sci.* ,1 – 13. (SCI,EI,IF = **0.516**)

8. Han,M. Y. ,Chen,G. Q. ,Shao,L. ,Li,J. S. ,Alsaedi,A. ,Ahmad,B. ,**Guo,S.** ,Jiang,M. M. ,Ji,X. ,2013. Embodied energy consumption of building construction engineering: Case study in E-town,Beijing. *Energy and Buildings* 64,62 – 72. (SCI,EI,IF = **2.465**)

9. Li,J. S. ,Duan,N. ,**Guo,S.** ,Shao,L. ,Lin,C. ,Wang,J. H. ,Hou,J. ,Hou,Y. ,Meng,J. ,Han,M. Y. ,2012. Renewable resource for agricultural ecosystem in China: Ecological benefit for biogas by-product for planting. *Ecological Informatics* 12,101 – 110. (SSCI,SCI,EI,IF = **1.980**)

10. Gao,R. Y. ,Shao,L. ,Li,J. S. ,**Guo,S.** ,Han,M. Y. ,Meng,J. ,Liu,J. B. ,Xu,F. X. ,Lin,C. ,2012. Comparison of greenhouse gas emission accounting for a constructed wetland wastewater treatment system. *Ecological Informatics* 12,85 – 92. (SSCI,SCI,EI,IF = **1.980**)

11. Chen,G. Q. ,Chen,H. ,Chen,Z. M. ,Zhang,B. ,Shao,L. ,**Guo,S.** ,

Zhou, S. Y., Jiang, M. M., 2011. Low-carbon building assessment and multi-scale input-output analysis. *Communications in Nonlinear Science and Numerical Simulation* 16, 583-595. (SSCI, SCI, EI, IF = **2.569**)

12. Liu, L., Fu, L., Jiang, Y., **Guo, S.**, 2011. Major issues and solutions in the heat-metering reform in China. *Renewable and Sustainable Energy Reviews* 15, 673-680. (SCI, EI, IF = **5.510**)

13. Liu, L., Fu, L., Jiang, Y., **Guo, S.**, 2010. Maintaining uniform hydraulic conditions with intelligent on-off regulation. *Building and Environment* 45, 2817-2822. (SCI, EI, IF = **2.700**)

14. Shao, L., **Guo, S.**, Han, M. Y., 2011. Systematic Calculation on Energy Consumption and Carbon Emission for Buildings. World Environment. (in Chinese)

References

Akiyama, T. and K. Kawamura (2007). "Grassland degradation inChina: methods of monitoring, management and restoration." *Grassland Science* **5** (1): 1 – 17.

Bai, Y., X. Han, J. Wu, Z. Chen and L. Li (2004). "Ecosystem stability and compensatory effects in the Inner Mongolia grassland." *Nature* **431** (7005): 181 – 184.

Bicknell, K. B., R. J. Ball, R. Cullen and H. R. Bigsby (1998). "New methodology for the ecological footprint with an application to the New Zealand economy." *Ecological* **27** (2): 149 – 160.

Buyanovsky, G. and G. Wagner (1998a). "Changing role of cultivated land in the global carbon cycle." *Biology and Fertility of Soils* **27** (3): 242 – 245.

Buyanovsky, G. A. and G. H. Wagner (1998b). "Carbon cycling in cultivated land and its global significance." *Global Change Biology* **4** (2): 131 – 141.

Cadarso, M. – Á., L. – A. López, N. Gómez and M. – Á. Tobarra (2012). "International trade and shared environmental responsibility by sector. An application to the Spanish economy." *Ecological Economics* **83**: 221 – 235.

Campbell, J. E., D. B. Lobell, R. C. Genova and C. B. Field (2008).

"The global potential of bioenergy on abandoned agriculture lands." *Environmental science & technology* **42**(15):5791 – 5794.

CAY(2018). "China Agriculture Yearbook 2017." *China Agriculture Press, Beijing* [*in Chinese*].

Chen, B. and G. Chen(2006). "Ecological footprint accounting based onemergy—A case study of the Chinese society." *Ecological Modelling* **198**(1):101 – 114.

Chen, B. and G. Chen(2007). "Modified ecological footprint accounting and analysis based on embodiedexergy—a case study of the Chinese society 1981 – 2001." *Ecological* **61**(2):355 – 376.

Chen, B., G. Chen and Z. Yang(2006). "Exergy – based resource accounting for China." *Ecological Modelling* **196**(3):313 – 328.

Chen, B., G. Chen, Z. Yang and M. Jiang(2007). "Ecological footprint accounting for energy and resource in China." *Energy Policy* **35**(3):1599 – 1609.

Chen, G. and Z. Chen(2011). "Greenhouse gas emissions and natural resources use by the world economy: ecological input-output modeling." *Ecological Modelling* **222**(14):2362 – 2376.

Chen, G. and M. Han(2015). "Virtual land use change in China 2002 – 2010: internal transition and trade imbalance." *Land Use Policy* **47**:55 – 65.

Chen, G. Q. and B. Zhang(2010). "Greenhouse gas emissions in China 2007: inventory and input-output analysis." *Energy Policy* **38**(10):6180 – 6193.

Chen, R., C. Ye, Y. Cai, X. Xing and Q. Chen(2014). "The impact of rural out – migration on land use transition in China: Past, present and trend." *Land Use Policy* **40**:101 – 110.

Chen, Z. and G. Chen(2011a). "An overview of energy consumption of the globalized world economy." *Energy Policy* **39**(10):5920 – 5928.

Chen, Z., G. Chen and B. Chen (2013). "Embodied carbon dioxide emission by theglobalized economy: a systems ecological input – output simulation." *Journal of Environmental Informatics* **21**(1): 35 – 44.

Comin, F. A. (2010). "Ecological restoration: A global challenge." *New York: Cambridge University Press*.

Conant, R. T., K. Paustian and E. T. Elliott (2001). "Grassland management and conversion into grassland: effects on soil carbon." *Ecological applications* **11**(2): 343 – 355.

Costello, C., W. M. Griffin, H. S. Matthews and C. L. Weber (2011). "Inventory development and input – output model ofUS land use: relating land in production to consumption." *Environmental science & technology* **45**(11): 4937 – 4943.

Cui, S. and R. Kattumuri (2011). "Cultivated land conversion in China and the potential for food security and sustainability" *Asia research center working paper* 35, *http://www.lse.ac.uk/asiaResearchCentre/_files/ARC-WP35 – CuiKattumuri.pdf*.

Dale, V. H. (1997). "The relationship between land-use change and climate change." *Ecological* **7**(3): 753 – 769.

Dang, L., Y. Xu and Q. Tang (2015). "The pattern of available construction land along the Xijiang River in Guangxi, China." *Land Use Policy* **42**: 102 – 112.

DeGroot, R. (2006). "Function – analysis and valuation as a tool to assess land use conflicts in planning for sustainable, multi – functional landscapes." *Landscape and urban planning* **75**(3): 175 – 186.

DeFries, R., A. Hansen, B. Turner, R. Reid and J. Liu (2007). "Land use change around protected areas: management to balance human needs and ecological function." *Ecological Applications* **17**(4): 1031 – 1038.

DeFries, R. S., J. A. Foley and G. P. Asner (2004). "Land-use choices:

Balancing human needs and ecosystem function." *Frontiers in Ecology and the Environment* **2**(5):249 – 257.

Delgado, C. L. (2003). "Rising consumption of meat and milk in developing countries has created a new food revolution." *The Journal of* **133**(11): 3907S – 3910S.

Deng, X., J. Huang, S. Rozelle and E. Uchida (2006). "Cultivated land conversion and potential agricultural productivity in China." *Land use policy* **23**(4):372 – 384.

Dhakal, S. (2010). "GHG emissions from urbanization and opportunities for urban carbon mitigation." *Current Opinion in Environmental Sustainability* **2**(4):277 – 283.

Don, A., B. Osborne, A. Hastings, U. Skiba, M. S. Carter, J. Drewer, H. Flessa, A. Freibauer, N. Hyvönen and M. B. Jones (2012). "Land-use change to bioenergy production in Europe: implications for the greenhouse gas balance and soil carbon." *Gcb Bioenergy* **4**(4):372 – 391.

Dramstad, W., J. D. Olson and R. T. Forman (1996). *Landscape ecology principles in landscape architecture and land – use planning*, Island press.

Feng, L., H. X. Bao and Y. Jiang (2014). "Land reallocation reform in rural China: A behavioral economics perspective." *Land Use Policy* **41**: 246 – 259.

Ferng, J. – J. (2001). "Using composition of land multiplier to estimate ecological footprints associated with production activity." *Ecological Economics* **37**(2):159 – 172.

Fischer, G., S. Prieler, H. van Velthuizen, G. Berndes, A. Faaij, M. Londo and M. de Wit (2010). "Biofuel production potentials in Europe: Sustainable use of cultivated land and pastures, Part II: Land use scenarios." *Biomass and bioenergy* **34**(2):173 – 187.

Foster, D., F. Swanson, J. Aber, I. Burke, N. Brokaw, D. Tilman and A.

Knapp(2003). "The importance of land – use legacies to ecology and conservation." *AIBS Bulletin* **53**(1):77 – 88.

Galli, A., T. Wiedmann, E. Ercin, D. Knoblauch, B. Ewing and S. Giljum (2012). "Integrating ecological, carbon and water footprint into a "footprint family" of indicators: definition and role in tracking human pressure on the planet." *Ecological indicators* **16**:100 – 112.

Ge, J. and Y. Lei (2014). "Carbon emissions from the service sector: an input – output application to Beijing, China." *Climate Research* **60** (1): 13 – 24.

Geng, Y., C. Peng and M. Tian (2011). "Energy use and CO_2 emission inventories in the four municipalities of China." *Energy Procedia* **5**: 370 – 376.

Grassini, P., K. M. Eskridge and K. G. Cassman (2013). "Distinguishing between yield advances and yield plateaus in historical crop production trends." *Nat Commun* **4**.

Guan, D., K. Hubacek, C. L. Weber, G. P. Peters and D. M. Reiner (2008). "The drivers of Chinese CO_2 emissions from 1980 to 2030." *Global Environmental Change* **18**(4):626 – 634.

Guanghui, J., W. Xinpan, Y. Wenju and Z. Ruijuan (2015). "A new system will lead to an optimal path of land consolidation spatial management in China." *Land Use Policy* **42**:27 – 37.

Guo, S. and G. Chen (2013). "Multi – scale input – output analysis for multiple responsibility entities: carbon emission by urban economy in Beijing 2007." *Journal of Environmental Accounting and Management* **1**(1):43 – 54.

Guo, S., J. Liu, L. Shao, J. Li and Y. An (2012). "Energy – dominated local carbon emissions in Beijing 2007: inventory and input – output analysis." *The Scientific World Journal* **2012**.

Guo, S. and G. Q. Shen (2014). "Multiregional input-output model for

China' s farm land and water use." *Environmental science & technology* **49** (1):403 –414.

Guo, S., G. Q. Shen, Z. – M. Chen and R. Yu (2014). "Embodied cultivated land use in China 1987 –2007." *Ecological Indicators* **47**:198 –209.

Han, M., S. Guo, H. Chen, X. Ji and J. Li (2014). "Local – scale systems input – output analysis of embodied water for the Beijing economy in 2007." *Frontiers of earth science* **8**(3):414.

Hertwich, E. G. and G. P. Peters (2009). "Carbon footprint of nations: A global, trade – linked analysis." *Environmental science & technology* **43**(16): 6414 –6420.

Hubacek, K., D. Guan, J. Barrett and T. Wiedmann (2009). "Environmental implications of urbanization and lifestyle change in China: Ecological and water footprints." *Journal of Cleaner Production* **17**(14):1241 –1248.

Hubacek, K. and L. Sun (2001). "A scenario analysis of China's land use and land cover change: incorporating biophysical information into input-output modeling." *Structural change and economic dynamics* **12**(4):367 –397.

Islam, K. R. and R. Weil (2000). "Land use effects on soil quality in a tropical forest ecosystem of Bangladesh." *Agriculture, Ecosystems & Environment* **79**(1):9 –16.

Ji, X., Z. Chen and J. Li (2014). "Embodied energy consumption and carbon emissions evaluation for urban industrial structure optimization." *Frontiers of Earth Science* **8**(1):32.

Jiang, L. (2013). "Three periods of land statistics" *http://news.dc2000.cn/redianjujiao/20121024_21027.html* .

Jiang, L., X. Deng and K. C. Seto (2013). "The impact of urban expansion on agricultural land use intensity in China." *Land Use Policy* **35**(0): 33 –39.

Johansson, D. J. and C. Azar (2007). "A scenario based analysis of land competition between food and bioenergy production in the US." *Climatic Change* **82**(3):267 – 291.

Kalnay, E. and M. Cai (2003). "Impact of urbanization and land – use change on climate." *Nature* **423**(6939):528 – 531.

Kanemoto, K., M. Lenzen, G. P. Peters, D. D. Moran and A. Geschke (2011). "Frameworks for comparing emissions associated with production, consumption, and international trade." *Environmental science & technology* **46**(1):172 – 179.

Kang, L., X. Han, Z. Zhang and O. J. Sun (2007). "Grassland ecosystems inChina: review of current knowledge and research advancement." *Philosophical Transactions of the Royal Society of London B: Biological Sciences* **362**(1482):997 – 1008.

Lambin, E. F. and P. Meyfroidt (2011). "Global land use change, economic globalization, and the looming land scarcity." *Proceedings of the National Academy of Sciences* **108**(9):3465 – 3472.

Larsen, H. N. and E. G. Hertwich (2009). "The case for consumption – based accounting of greenhouse gas emissions to promote local climate action." *Environmental Science & Policy* **12**(7):791 – 798.

Lenzen, M., C. B. Hansson and S. Bond (2007). "On the bioproductivity and land – disturbance metrics of the Ecological Footprint." *Ecological Economics* **61**(1):6 – 10.

Lenzen, M., J. Murray, F. Sack and T. Wiedmann (2007). "Shared producer and consumer responsibility—Theory and practice." *Ecological Economics* **61**(1):27 – 42.

Lenzen, M. and S. A. Murray (2001). "A modified ecological footprint method and its application to Australia." *Ecological* **37**(2):229 – 255.

Lenzen, M., S. A. Murray, B. Korte and C. J. Dey (2003). "Environmental impact assessment including indirect effects—a case study using input-output analysis. "*Environmental Impact Assessment Review* **23**(3):263 –282.

Leontief, W. (1970). "Environmental repercussions and the economic structure: an input – output approach. "*The review of economics and statistics* : 262 –271.

Li, X. and X. Wang(2003). "Changes in agricultural land use inChina: 1981 –2000. "*Asian Geographer* **22**(1 –2):27 –42.

Liu, J., M. Liu, H. Tian, D. Zhuang, Z. Zhang, W. Zhang, X. Tang and X. Deng (2005). "Spatial and temporal patterns of China's cropland during 1990 –2000: an analysis based on Landsat TM data. "*Remote sensing of Environment* **98**(4):442 –456.

Liu, Y., F. Fang and Y. Li(2014). "Key issues of land use inChina and implications for policy making. "*Land Use Policy* **40**:6 –12.

Liu, Y., X. Huang, H. Yang and T. Zhong (2014). "Environmental effects of land – use/cover change caused by urbanization and policies in Southwest China Karst area-A case study of Guiyang. "*Habitat International* **44**:339 –348.

Liu, Y. and X. Peng(2003). "Time series of ecological footprint in China between 1962 ~2001: Calculation and assessment of development sustainability. "*Acta Ecologica Sinica* **24**(10):2257 –2262.

Liu, Y., R. Yang, H. Long, J. Gao and J. Wang(2014). "Implications of land – use change in rural China: A case study of Yucheng, Shandong province. "*Land Use Policy* **40**:111 –118.

Miyake, S., M. Renouf, A. Peterson, C. McAlpine and C. Smith(2012). "Land – use and environmental pressures resulting from current and future bioenergy crop expansion: A review." *Journal of Rural Studies* **28** (4): 650 –658.

Ni, J. (2002). "Carbon storage in grasslands ofChina. "*Journal of Arid Environments* **50**(2):205 –218.

Olesen, J. E. and M. Bindi (2002). "Consequences of climate change for European agricultural productivity, land use and policy." *European journal of agronomy* **16**(4):239 – 262.

Peters, G. P. (2008). "From production – based to consumption – based national emission inventories." *Ecological* **65**(1):13 – 23.

Peters, G. P., J. C. Minx, C. L. Weber and O. Edenhofer (2011). "Growth in emission transfers via international trade from 1990 to 2008." *Proceedings of the national academy of sciences* **108**(21):8903 – 8908.

Pielke, R. A. (2005). "Land use and climate change." *Science* **310** (5754):1625 – 1626.

Pielke, R. A., G. Marland, R. A. Betts, T. N. Chase, J. L. Eastman, J. O. Niles and S. W. Running (2002). "The influence of land – use change and landscape dynamics on the climate system: relevance to climate – change policy beyond the radiative effect of greenhouse gases." *Philosophical Transactions of the Royal Society of London A: Mathematical, Physical and Engineering Sciences* **360**(1797):1705 – 1719.

Pingali, P. (2007). "Westernization of Asian diets and the transformation of food systems: Implications for research and policy." *Food Policy* **32**(3): 281 – 298.

Popkin, B. M. (1999). "Urbanization, lifestyle changes and the nutrition transition." *World* **27**(11):1905 – 1916.

Popkin, B. M. and S. Du (2003). "Dynamics of the nutrition transition toward the animal foods sector in China and its implications: a worried perspective." *The Journal of* **133**(11):3898S – 3906S.

Qiang, W., A. Liu, S. Cheng, T. Kastner and G. Xie (2013). "Agricultural trade and virtual land use: The case of China's crop trade." *Land Use Policy* **33**:141 – 150.

Rees, W. and M. Wackernagel (1996). "Urban ecological footprints: why cities cannot be sustainable—and why they are a key to sustainability. "*Environmental impact assessment review* **16**(4 – 6):223 – 248.

Rees, W. E. (1992). "Ecological footprints and appropriated carrying capacity: what urban economics leaves out." *Environment and urbanization* **4**(2):121 – 130.

Rees, W. E. (1996). "Revisiting carrying capacity: area – based indicators of sustainability." *Population & Environment* **17**(3):195 – 215.

Ren, J. Z., Z. Z. Hu, J. Zhao, D. G. Zhang, F. J. Hou, H. L. Lin and X. Mu (2008). "A grassland classification system and its application in China." *The Rangeland Journal* **30**(2):199 – 209.

Röös, E., M. Patel, J. Spångberg, G. Carlsson and L. Rydhmer (2016). "Limiting livestock production to pasture and by – products in a search for sustainable diets." *Food Policy* **58**:1 – 13.

Satterthwaite, D., G. McGranahan and C. Tacoli (2010). "Urbanization and its implications for food and farming." *Philosophical Transactions of the Royal Society of London B: Biological Sciences* **365**(1554):2809 – 2820.

Seabrooke, W., S. C. Yeung, F. M. Ma and Y. Li (2004). "Implementing sustainable urban development at the operational level (with special reference to Hong Kong and Guangzhou)." *Habitat International* **28**(3):443 – 466.

Seto, K. C. and N. Ramankutty (2016). "Hidden linkages between urbanization and food systems." *Science* **352**(6288):943 – 945.

Shao, L., Z. Wu and G. Chen (2013). "Exergy based ecological footprint accounting for China." *Ecological modelling* **252**:83 – 96.

Skelton, A., D. Guan, G. P. Peters and D. Crawford – Brown (2011). "Mapping flows of embodied emissions in the global production system." *Environmental science & technology* **45**(24):10516 – 10523.

Song, W. (2014). "Decoupling cultivated land loss by construction occupation from economic growth inBeijing." *Habitat International* **43**:198 – 205.

Song, W. and B. C. Pijanowski (2014). "The effects of China's cultivated land balance program on potential land productivity at a national scale." *Applied Geography* **46**: 158 – 170.

Stern, N. H. (2007). *The economics of climate change: the Stern review*, University.

Su, B. and B. Ang (2010). "Input-output analysis of CO_2 emissions embodied in trade: the effects of spatial aggregation." *Ecological Economics* **70** (1): 10 – 18.

Su, B., H. C. Huang, B. W. Ang and P. Zhou (2010). "Input – output analysis of CO_2 emissions embodied in trade: The effects of sector aggregation." *Energy Economics* **32** (1): 166 – 175.

Vause, J., L. Gao, L. Shi and J. Zhao (2013). "Production and consumption accounting of CO_2 emissions for Xiamen, China." *Energy Policy* **60**: 697 – 704.

Wackernagel, M., L. Onisto, P. Bello, A. C. Linares, I. S. L. Falfán, J. M. Garcıa, A. I. S. Guerrero and M. G. S. Guerrero (1999). "National natural capital accounting with the ecological footprint concept." *Ecological* **29** (3): 375 – 390.

Wackernagel, M. and W. Rees (1996). *Our ecological footprint: reducing human impact on the Earth* Gabriola Island, BC, New Society Publishers.

Walsh, M. E., G. Daniel, H. Shapouri and S. P. Slinsky (2003). "Bioenergy crop production in the United States: potential quantities, land use changes, and economic impacts on the agricultural sector." *Environmental and Resource Economics* **24** (4): 313 – 333.

Wang, J., Y. Chen, X. Shao, Y. Zhang and Y. Cao (2012). "Land – use changes and policy dimension driving forces in China: Present, trend and future." *Land use policy* **29** (4): 737 – 749.

Wang, W., H. Guo, X. Chuai, C. Dai, L. Lai and M. Zhang (2014). "The impact of land use change on the temporospatial variations of ecosystems services value in China and an optimized land use solution. " *Environmental science & policy* **44**:62 – 72.

Watson, R. T. , I. R. Noble, B. Bolin, N. Ravindranath, D. J. Verardo and D. J. Dokken (2000). "Land use, land – use change and forestry. A special report of the Intergovernmental Panel on Climate Change (IPCC). " *Cambridge: Cambridge University* .

Weber, C. L. , G. P. Peters, D. Guan and K. Hubacek (2008). "The contribution of Chinese exports to climate change. " *Energy Policy* **36**(9):3572 – 3577.

Weinzettel, J. , E. G. Hertwich, G. P. Peters, K. Steen – Olsen and A. Galli (2013). "Affluence drives the global displacement of land use. " *Global Environmental Change* **23**(2):433 – 438.

Wichelns, D. (2001). "The role of 'virtual water' in efforts to achieve food security and other national goals, with an example from Egypt. " *Agricultural water management* **49**(2):131 – 151.

Wiedmann, T. (2009). "A review of recent multi – region input-output models used for consumption – based emission and resource accounting. " *Ecological Economics* **69**(2):211 – 222.

Wiedmann, T. , M. Lenzen, K. Turner and J. Barrett (2007). "Examining the global environmental impact of regional consumption activities—Part 2: Review of input-output models for the assessment of environmental impacts embodied in trade. " *Ecological* **61**(1):15 – 26.

Wiedmann, T. , J. Minx, J. Barrett and M. Wackernagel (2006). "Allocating ecological footprints to final consumption categories with input-output analysis. " *Ecological* **56**(1):28 – 48.

Wirsenius, S. (2010). "The Biomass Metabolism of the Food System: A Model-Based Survey of the Global and Regional Turnover of Food Biomass. "

Journal of Industrial Ecology **7**(1):47 – 80.

Wood, R., M. Lenzen, C. Dey and S. Lundie (2006). "A comparative study of some environmental impacts of conventional and organic farming in Australia." *Agricultural* **89**(2):324 – 348.

WU, Q., G. – c. GUO and L. – p. WAN(2006). "Economic Growth and Change of Cultivated Land Quantity: An International Comparison and Illumination." *Resources Science* **4**:012.

Wu, Y., L. Shan, G. Zhen and P. Yi(2017). "Cultivated land protection policies inChina facing 2030: Dynamic balance system versus basic farmland zoning." *Habitat International* **69**:126 – 138.

Würtenberger, L., T. Koellner and C. R. Binder (2006). "Virtual land use and agricultural trade: Estimating environmental and socio – economic impacts." *Ecological Economics* **57**(4):679 – 697.

WWF, IGSNRR, GFN, IOZ and ZSL(2012). "China's ecological footprint report 2012."

Xiaoyun, L. (2013). "China staple agricultural products stepping into 'net import age'." *http://en. xinhua08. com/a/*20130702/1204576. *shtml* .

Yang, H. and X. Li(2000). "Cultivated land and food supply inChina." *Land use policy* **17**(2):73 – 88.

Yang, H., Y. Zhou and J. Liu(2009). "Land and water requirements ofbiofuel and implications for food supply and the environment in China." *Energy Policy* **37**(5):1876 – 1885.

Yang, Q., S. Guo, W. Yuan, Q. Shen, Y. Chen, X. Wang, T. Wu, Z. – M. Chen, A. Alsaedi and T. Hayat(2015). "Energy – dominated carbon metabolism: a case study of Hubei province, China." *Ecological Informatics* **26**: 85 – 92.

Yu, Y., J. Liu, H. Wang and M. Liu(2011). "Assess the potential of solar irrigation systems for sustaining pasture lands in arid regions-A case study inNorthwestern China. "*Applied energy* **88**(9):3176 – 3182.

Yunlong, C. and H. Yaqin (2006). "Reevaluating Cultivated Land in China: Method and Case Studies [J]. "*Acta Geographica Sinica* **10**:009.

Zhang, C. and L. D. Anadon (2014). "A multi – regional input-output analysis of domestic virtual water trade and provincial water footprint in China. "*Ecological Economics* **100**:159 – 172.

Zhang, J., F. Zhang, D. Zhang, D. He, L. Zhang, C. Wu and X. Kong (2009). "The grain potential of cultivated lands in MainlandChina in 2004." *Land use policy* **26**(1):68 – 76.

Zhang, K., Z. Yu, X. Li, W. Zhou and D. Zhang (2007). "Land use change and land degradation inChina from 1991 to 2001. "*Land Degradation & Development* **18**(2):209 – 219.

Zhang, Z., H. Yang, M. Shi, A. Zehnder and K. Abbaspour (2011). "Analyses of impacts of China's international trade on its water resources and uses. "*Hydrology and Earth System Sciences* **15**(9):2871.

Zhou, K., Y. Liu, R. Tan and Y. Song (2014). "Urban dynamics, landscape ecological security, and policy implications: A case study from theWuhan area of central China. "*Cities* **41**:141 – 153.

Zhu, Q. (2007). "Discussion about statistical method of cultivated land area "*Tibet's Science and Technology* **9**:10 – 12 (in Chinese).

Postscript

This book is my research achievement over the years. With the intensified globalization, trade leads to the increasing spatial separation of production and consumption. The displacement of land use from one place to another occurs when goods are traded among industries and regions, thus shifting the pressures of local land resources. To avoid the land-related leakage, a systematical analysis of China's land footprint becomes crucial to achieve sustainable land management.

I would like to sincerely thank my Ph. D. supervisor Prof. Geoffrey Qiping Shen, and my master supervisor Prof. Guoqian Chen, for their selfless support and continuous guidance. I am also grateful to Prof. Karen C. Seto, who gave me kindly encourage and support during my study at Yale.

I would like to thank my colleagues during my master period, including Chen Bin, Chen Hui, Chen Zhanming, Han Mengyao, Jiang Meiming, Ji Xi, Li Zhi, Li Demin, Li Jiashuo, Li Gang, Jiang Zhe, Meng Jing, Shao Ling, Wang Ping, Wu Zi, Wu Xiaofang, Wu Xudong, Yang Qing, Zeng Li, and Zhang Bo. I also thank my colleagues during my PhD period, including, Ann Yu, Bu Shanshan, Derek Drew, Hong Jingke, Huang Juan, Li Zhengdao, Liang Xin, Margaret Mo, Peng Yi, Sun Bingxia, Tang Pan, Wang Hao, Xue Fan, Yu Tao, Yuan

Zhao, Zuhaili Mohamad Ramly and Zheng Wei. I would like to give my thanks to my students Wang Yao, Huang Shen, Huang Yangguang, Lu Jiayao, Sun Hantao, Yang Zuoping.

Last but not least, I would like to thank my family for their continuous understanding, support, and encouragement.

I am also grateful to the Department of Building and Real Estate of The Hong Kong Polytechnic University and Engineering College of Peking University. I acknowledge the financial support from the Hong Kong Ph. D. Fellowship Scheme, which was established by the Research Grants Council in Hong Kong and the Ministry of Education Foundation of China. This work is supported by Renmin University of China: the special developing and guiding fund for building world-class universities (disciplines).

Lastly, at the time before the publication of this book, I would like to express my thankfulness to all colleagues and friends who care China's sustainable land use and provide help and support to the research and writing of this book.

Shan Guo

July 10, 2019